‘인생을 바꿀
쓰기 근력 레시피’

아이와 인문학 글쓰기

쓰기력 수업

Earth Mami

조현영 지음

나와 아이의 인생을 바꿀
'쓰기력'

"세계의 운명은 좋든 싫든 간에
자기의 생각을 남에게 전할 수 있는
사람들에 의해 결정된다."

– 로즈 케네디 –

쓰기력은 낭만적인 취미가 아닌
나와 아이의 평생을 좌우할 생존 기술이다

아이비리그의 대표 대학들인 하버드, MIT, 케임브리지, 옥스퍼드, 스탠퍼드 등에서는 오래 전부터 글쓰기를 필수과목으로 채택하고 있다. 왜일까? 글쓰기가 단순히 '작가'라는 한 직업군의 전유물이 아닌 우리 모두가 장착해야할 필수 기술이기 때문이다.

16년의 학창시절과 20년이 넘는 사회생활을 돌아보건대 '쓰기'는 매순간 의사소통의 수단이었을 뿐만 아니라 나를 표현하는 무기였고, 나의 능력을 검증하는 수단이었으며 나의 지위와 위치를 결정하는 바로미터였다.

지금 우리 아이들이 닥친 현실을 보자. 당장 서술형 문제, 수행평가, 논술고사부터가 문제다. 쓰기 공포가 있다면 모든 학업 과정이 스트레스 일 수밖에 없다. 짧은 글도 쓰기 어렵다면 대입논술은 더 말할 필요도 없다. 대학에 입학한다고 끝이 아니다.

초,중,고 시절보다 오히려 고등학교를 졸업하면서부터 본격적으로 글쓰기의 정글에 던져진다. 대학 시험은 객관식이 아닌 서술형이 대부분이기 때문이다. 그래서 대학에 가면 글쓰기 포비아가 본격적으로 시작된다 해도 과언이 아니다. 이뿐만이 아니다. 시험 때마다 긴 분량을 채워야하는 리포트, 졸업 논문은 또 어떤가? 그렇다고 졸업을 하면 글쓰기와 헤어질 수 있을까? 절대 아니다. 사회생활이 시작되면 더 심해진다. 이젠 아예 모든 일상이 글쓰기다. 입사 이전부터 자기소개서, 포트폴리오 작성이 기다리고 있다. 실제로 필자는 자기소개서 한 장으로 처음 방송국에서 일을 시작할 수 있었다. 입사를 했다 해도 당연히 끝이 아니다. 이메일부터 제안서, 보고서 등등 우리의 커리어는 온통 글쓰기로 채워진다.

이렇게 사회에 던져진 후 매 순간이 글쓰기와의 싸움이라 해도 과언이 아니다.

그리하여 우리 모두에게는, 우리 아이들에게는 글쓰기 훈련이 필요하다. 그것도 아주 일찍부터 시작해야 하며, 어쩌면 우리가 예상하는 것보다 훨씬 오랜 시간이 걸릴지도 모른다. 오래도록 써먹을 수 있도록 체화된 글쓰기 근력. 그 근력은 대체 어떻게 키울 수 있는 걸까? 이 질문으로부터 이 책은 탄생했다.

'쓰기력 수업'은 단순한 글짓기, 글쓰기 책이 아니다. 견문을 효율적으로 채집하고 그것을 나만의 생각으로 모으고 언어로 표출해내는 일련의 공정을 담은 전무후무한 '쓰기력' 지침서이다.

쓰기 근력을 배양한 우리 아이들은 이렇게 변화해 갈 것이다. 근 미래에는 문해력 향상으로 인해 학업성취도가 높아질 것이고, 인문학적 소양 배양으로 인해 자존감이 상승할 것이며 미래를 꿈꾸는 힘 또한 길러질 것이다.

<쓰기력 수업>은 대입 논술, 입사 시험 및 사회생활에 이르기까지 마음껏 꿈을 펼치며 '쓰기력'이 전 생애 과정에 걸쳐 삶의 무기가 될 수 있도록 하는 것을 목표로 하는 특별한 수업이다. 지금부터 '쓰기력'이란 대체 무엇인지를 이야기하는 것으로 그 수업을 시작하려 한다.

이 책이 가깝게는 수많은 교육 현장에서 울부짖다시피 외치는 아이들의 '문해력' 향상부터 나아가 부모들에게 100세 시대, 새로운 성장의 밑거름이 되는 비기가 되기를 바란다. 그리하여 아이와 여러분들의 인생이 새봄 흙 갈아엎어지듯 비옥해지는 계기가 될 소망한다.

2024년 9월 조현영

Contents

쓰기력이
인생을 바꾼다

쓰기력이란?

바야흐로 글을 써야하는 시대다. 작법에 대한, 아이들 독서·논술 지도에 대한 책은 시중에 넘칠 만큼 많지만 글을 잘 쓰기까지 읽기로부터 '잘 쓰기'까지의 다리를 잇는, 그 쓰기 근력 형성에 대한 책은 찾아보기 어렵다. 글은 단기간에 잘 쓰게 되기 어렵고, 또한 단기간에 글쓰기가 편안해지기도 어렵다. 20년이 넘는 시간동안 직업 작가로 일하며 매일, 하루도 빠짐없이 글을 썼고, 성인들과 아이들의 쓰기 튜터로 활동해온 필자는 이 능력이 단순한 작법이 결코 아님을, 읽기로부터 비롯되는 복잡하고도 긴 훈련을 요하는 아주 특별한 기술임을 알게 되었다. 그리고 그 마법 같은 능력을 '쓰기력'이라 명명하기로 했다.

이 능력의 저력은 여러 학자들의 연구 결과에서도 확인할 수 있는데, 하버드대 케네디 행정대학원 교수 리처드 라이트는 저서 《하버드 수재 1600명의 공부법 (Making the Most of College)》에서 글쓰기의 중요성을 강조하고 있다. 그는 저서에서 1977년 이후 졸업해 40대에 접어든 하버드 동문 1600명을 설문조사했는데, 그 결과 현재 자신의 일에서 가장 중요한 능력이 '글을 잘 쓰는 기술'이라고 응답한 비율이 90%에 달했다.

하지만 한 편의 글은 서술형 문제에 대한 답처럼 한 줄, 두 줄로는 완성되지 않는다. SNS에 남기는 몇 줄의 코멘트처럼 두서없는 말의 조각과도 다르다. 완결된 글은 최소 3문단~4문단으로 구성되며 이를 위해서는 생각을 덩어리 짓고 그 덩어리들을 배치하고, 때론 각 덩어리들을 해체하여 문장으로 풀어내야만 하는 고도의 작업이 필요하다.

이 전반의 행위는 읽고 쓰는 속근육이 오랜 경험과 훈련으로(티 나지 않는 훈련) 뇌에 체화되어 있어야 가능하다. 아이들에게는 물론, 쓰기력을 갖추지 못한, 쓰기력에 목말라하는 성인들에도 공히 해당하는 이야기다.

그렇다면 쓰기력은 대체 무엇일까?

쓰기 위해서는 이제는 흔해져 식상하게 느껴지는 단어 '문해력'이라는 기반이 필수이다. 하지만 문해력만으로는 쓰기력이 완성될 수 없다. 구성력이 필요한데, 구성력은 쉽게 말해 내 글의 기승전결을 어떻게 배치하겠다는 회로를 그리는 것이다. 구성력은 글쓰기에뿐만 아니라 학습에도 큰 도움이 된다. 단적인 예로 언어영역에서 구성을 알면 지문을 쉽게 읽어 내려갈 수 있고, 문제 풀 때도 쉽게 풀어나갈 수 있다.

좋은 글에서 작문력은 필수이다. 그러나 작문력은 좋은 글의 필요조건은 될 수 있지만 충분조건은 될 수 없다. 번지르르한 단어들을 늘어놓았다고 해서 생각을 잘 표현하는, 남들의 마음을 움직이거나 설득할 좋은 글이 될 수는 없다. 좋은 글의 마지막 퍼즐은 통찰력이다.

같은 사물을 보고도, 같은 장면을 보고도 그 뒤안의 의미와 시선을 포착해내는 통찰력은 오랜 시간의 견문, 읽기, 쓰기의 경험치가 쌓여야만 생길 수 있다.

문해력+구성력+통찰력+작문력이 결합돼 단단하게 키워진 쓰기 근력을 이용해 무엇을 할 수 있을까? 대입 논술고사를 잘 치를 수 있는 것은 물론이고 앞서도 언급했듯 대학 4년 동안 리포트, 논문 등을 편하게 잘 써내 높은 학점을 받을 수 있고, 입사 시험에 활용하는 자기소개서, 포트폴리오 역시 유려하게 써내려가 입사 가능성이 높아진다. 입사 후에도 이메일, 제안서, 보고서 등을 편하게 쓰며 능력을 인정받게 될 것이다.

그렇다면 아이가 아닌 나의 쓰기력은 안녕할까? 선뜻 대답하지 못했다면 모든 육아의 순간이 그러하듯, 아이와의 쓰기력 수업은 나의 못난 쓰기력을 다시 돌보고, 세우는 일이 될 것이다. 또 아는가? 세워지는 나의 쓰기력으로 저 지하에 묻어둔 나의 꿈도 다시 세워질 수 있을지….

이제, 아이와 나의 쓰기력 수업을 시작해보자.

TITLE:

읽기력이 먼저다

쓰다듬고 쳐다보기라도 해라.
아무 페이지나 펼쳐서,
눈에 띄는 구절부터
읽기 시작하는 거다.

/

윈스턴 처칠

Mon petit lapin
s'est sauvé
dans le jardin.

읽기력이 먼저다

응집된
읽기력

"책을 읽을걸 그랬어."

"좀 더 일찍 책을 읽을걸 그랬어.

하지만 모든 것을 다 놓친 것은 아니야.

글은 아저씨의 마음을 차분하게도 했고

들뜨게도 했어.

또 아저씨를 곰곰 생각에 잠기게도 했고

우쭐한 기분이 들게도 했어. 기쁘게도 했고 슬프게도 했지. "

『행복한 청소부/모니카 페트』 (초등 6학년 국어)

읽어야만 쓸 수 있다. 많이 읽는다고 잘 쓰지는 않지만 잘 쓰는 사람은 많이 읽는다. 즉, 읽지 않으면 쓸 수도 없다.

배경지식은 글을 쓰기 위한 어휘를 제공하고, 세련된 행간을 갖게 하며, 의미의 덩이를 만들어 기억의 공간을 늘리고, 개념을 쉽게 연결하게 해주며, 모호해질 수 있는 문장을 명확히 연결하게 한다. 심지어 배경지식이 기억을 강화한다는 연구 결과도 있다. 사고력도 배경지식이 충분할 때 증대될 수 있다.

배경지식을 얻기 위해서는 읽어야 한다. 이해에도 '얕은 이해'와 '깊은 이해'가 있는데 단순히 지식을 전달받았을 때, 영상 등을 통해 정보를 접했을 때보다 문맥을 통해 습득했을 때 '깊은 이해'가 가능해진다.

그래서 이제는 흔해빠진 단어가 되어버린 '책육아'는 진부한 신조어로 취급하기엔 여전히 간절하다. 책육아의 골든타임은 두돌 이전으로 알려져 있고, 이는 사실이라는 연구결과가 중론이다. 그렇다면 아이가 5살이 넘도록, 10살이 넘도록 책육아에 성공하지 못했다면? 아직 끝이 아니며 결코 늦지 않았다. 더 늦기 전에 아이를 책과 함께 뒹굴게 해주자. 앞서 기술한 저 처칠의 명언처럼 베고 자도 좋고 깔고 앉아도 좋다. 우선, 책은 지루한 공부가 아니라 친한 친구라는 인식을 주어야 한다. 그러기 위해서는 아이들 몰래 수행하는 엄마의 비밀작전들이 필요하다. 결코 아이에게 "책 좀 읽어." 라는 명령조의 대사가 나가서는 안된다.

필자의 아이는 4살부터 좋아하는 책들을 반복해서 읽었고 가장 좋아하는 책인 〈작은 아씨들〉을 읽다가 5세 여름, 스스로 한글을 완벽하게 떼었다. 신기하게도 필자 또한 같은 방식으로 글을 뗐다. 필자가 다섯 살 되던 해 언니는 학교에 입학했고 동생이 태어났다. 갑자기 혼자 집에 남겨진 나는 아빠의 서재에서 온갖 책을 끄집어내어 읽기 시작했다. 그 중에서 나의 픽은 신기하게도 내 아이와 같은 〈작은 아씨들〉이었다. 작은 판형의 오렌지빛 책이 지금도 생생하다. 그 책을 보고 또 보다 어느 순간 글이 내 눈에 들어왔다. 그 순간이 지금도 어제 일처럼 선연하다. 그 후로 동생이 어느 정도 크기까지 2~3년의 시간동안 나는 줄곧 책을 씹어 삼키듯 읽어댔다. 그 시간들의 응집된 독서가 나의 문해력을 키웠다. 씨네키즈로 지낸 청소년기에 나는 교과서 이외의 책을 읽은 적이 없다. 하지만 나는 작가가 되었고 20년 넘게 글을 써서 먹고 살았다. 유소년기의 응집된 독서는 잠시 책과 멀어졌다해도 결코 잊혀지거나 퇴보하지 않는 단단한 문해력을 길러준다. 마치 일곱 살 때 일주일 간 넘어져 가며 배운 자전거를 성인이 되어 다시 탔을 때 잠시 휘청거리다 다시 질주할 수 있듯이.

　　그렇다면 어떻게 읽게 할 것인가, 어떻게 다시 책육아를 시작할 것인가?

응집된 읽기력

'생산적인 독서'가 응집된 독서력을 키운다.

레시피 2

음독으로 세 마리 토끼를 잡아라.

레시피 3

심심함을 교육하라.

레시피 4

엄빠표 하브루타 읽기

레시피 5

함께 읽기(shared book reading)의 기적

레시피 6

도서 분류의 기준을 파기하라.

'생산적인 독서'가
응집된 독서력을 키운다

"품행이 나쁜 믿을 수 없는 학생으로, 의욕과 야심이 없고 다른 학생들과 자주 다투며, 상습적으로 지각하고 물건을 제대로 챙기지 못하며 야무지지 못하다."

영국인이 가장 존경하는 정치인 윈스턴 처칠의 생활기록부 중 한 부분이다.

처칠은 명문가에서 태어났지만 명문학교인 세인트 제임스에 적응하지 못하는 열등생이었다. 말도 더듬었고 성취도에서는 늘 꼴찌를 면치 못했다. 그런 그가 역사상 최고의 연설가로 성장한다. 처칠이 성공한 정치인일 뿐만 아니라 〈제2차 세계대전(The Second World War)〉 등을 써 노벨문학상을 수상한 빼어난 작가라는 사실을 아는 이는 많지 않다. 열등생이었던 그가 노벨문학상을 탄 작가가 된 것은 아버지가 선물한 한 권의 책 덕분이었다. 그런데 문제(?)는 한.권.이었다는 사실이다.

"내가 아홉 살 무렵, 아버지는 로버트 루이스 스티븐슨의 『보물섬』을 주셨는데 이 책을 아주 열중해서 매일 매일 읽었다."

- 윈스턴 처칠

아이가 다독하지 않는다고 나무라지 마라. 좋아하는 책만 읽는다고 잔소리하지도 마라. 다독보다 중요한 것은 읽은 책을 얼마나 자신의 지식과 인사이트로 소화해 학습에, 삶에 거름으로 삼느냐는 것이다.

꼭꼭 씹어 먹듯 완전히 체화된 책은 나의 분야가 될 수 있고, 취향이 될 수 있으며 나아가 꿈이 될 수도 있다. 좋아하는 책을 미친 듯이, 씹어 먹듯, 열중해서 읽도록 내버려 두어라. 방대한 독서량보다는 이렇듯 씹어 먹은 '생산적 독서'가 문해력을 낳고 쓰기력을 낳는다.

책을 좋아하지 않는 아이는 없다. 모든 책을 좋아하는 아이가 없을 뿐이다.

음독으로
세 마리 토끼를 잡아라

아직 책읽기에 재미를 느끼지 못하는 아이는 묵독(默讀)으로 가는 길목에 외로이 서 있는 아이일 수 있다. 아기 때 엄빠가 읽어주는 책 소리를 재미있게 듣던 아이가 지금은 책을 좋아하지 않는다면? 그렇다면 그 아이에게는 다시금 음독(音讀)해주는 것이 필요할 수도 있다. 초보적인 리더(Reader)는 음독을 통해 묵독으로 나아갈 힘을 얻는다. 그렇다면 음독과 묵독은 어떻게 다른 걸까?

"책을 읽으면 상상력을 주관하는 뇌의 전두전야가 발달하는데 소리내어 책을 읽으면 뇌 전체가 발달한다."

- 가와시마 류타 (뇌 연구가)

묵독(默讀)을 하더라도 뇌는 많은 활동을 하지만 음독(音讀)을 하면 뇌의 훨씬 많은 부분이 활동한다는 것이다.

이렇게 뇌 발달에 좋은 음독이 미숙한 '읽기력'을 가진 아이들이 묵독으로 넘어가는 데에 좋은 가교가 되어 준다는 연구결과도 있다. 특히 부모와 함께 읽는 상황에서의 음독은 효과가 배가 된다.

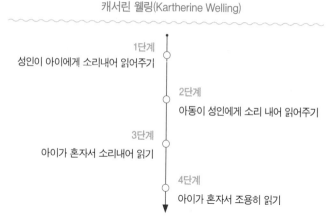

음독에서 묵독으로의 전이
캐서린 웰링(Kartherine Welling)

1단계
성인이 아이에게 소리내어 읽어주기

2단계
아동이 성인에게 소리 내어 읽어주기

3단계
아이가 혼자서 소리내어 읽기

4단계
아이가 혼자서 조용히 읽기

실제로 책을 통해 글을 깨치는 과정도 이와 아주 유사한데, 부모의 음독에 장기간 노출된 아이는 어느 순간부터 부모에게 책을 읽어준다. 아이의 음독이 시작되는 것이다. 이 과정은 '읽기'라는 활동을 부모에 의존하지 않고 내재화해 가는 과정이라고 할 수 있다. 이 과정에

능숙해지면 아이는 그제야 비로소 편안하게 묵독하게 되는 것이다.

아이가 아직 책에 흥미를 붙이지 못했다면 1단계부터 다시 시작하면 된다. 다시 읽어주라. 책육아에 성공한 부모들이라면 누구나 한번쯤 경험했을 목이 바짝바짝 마르고 쉬도록 다시 한번 아이와 '몰입독서'를 향해 항해해보자. '어린 아이도 아닌데 무슨 책을 읽어줘?' 뭐 어떤가, 우리끼리 독서의 몰입감에 빠져보겠다는데 편견이나 남의 시선 따윈 접어두자.

음독은 1.뇌의 고른 발달 2.부모와 함께 하는 책읽기 경험 3.능숙한 묵독 독자로 가는 과정을 경험하게 하고 결국 능숙한 독자가 되게 한다.

마음껏 음독해주고, 음독하도록 하자.

필자의 경우 책육아가 완전히 정착한, 즉 요즘 흔히 말하는 '몰입독서'가 무르익은 시기는 아이가 4살 때 시골생활을 하던 때였다. 필자의 저서 《아이와 인문학 여행, 소울트립》에 자세히 썼듯 워커홀릭이었던 나는 지독한 번아웃으로 1년간 시골살이를 했다. 장난감 하나 없는 시골집에서 아이는 자연과, 책과 친구되는 법을 배웠다. 도시는 그렇잖아도 사계절을 느끼고 사색할 틈이 없다. 거기에 빡빡한 스케줄과 TV등 각종 미디어에 장난감까지 방해해대니 어찌 아이가 책을 읽고 사색할 수 있을까?

심심함은 책육아의 시작점이자 종착점이다. 심심해야 생각하고 주변을 둘러본다. 심심함은 사유의 출발점이다. 복잡한 발달심리학적 이론을 군이 적용하지 않더라도 빡빡한 스케줄 속에는 물리적으로 생각할 수 있는 틈이 없다.

아이가 일곱 살까지 가정보육을 한 필자는 놀이터에서 놀 때 늘 아이와 마지막까지 남겨졌다. 친구들은 모두 바빴다. 영어 학원에 가야 하고 미술학원에 가야하고 태권도 승급심사에 가야한다며 부랴부랴 놀이터를 떠나곤 했다. 이미 해가 뉘엿뉘엿 넘어가고 있었는데 말이다. 나는 아이 손을 잡고 집으로 와 저녁을 준비했고, 아이는 엄마의 요리를 돕다가 책을 보았다. 자신이 좋아하는 책을 산처럼 쌓아가며 읽는 그 시간을 아이는 사랑하였고, 지금도 현재진행형이다. 내게 혼이 나거나 스트레스 받는 일이 있으면 자신이 책을 읽는 작은 공간에 파묻혀 오래도록 책을 읽은 후 다시 미소를 머금고 나오곤 한다. 아이에겐 책이 취미이며, 위로였던 것이다.

문해력은 미디어 활동으로 그득한 신종 학습지를 통해 길러지는 것이 아니라 읽어야 길러진다. 많이 읽고, 다양하게 읽으며, 파묻혀 읽고, 사랑하여야 길러진다. 그 골똘한 시간 속에서 아이도, 엄마도 모르는 새 체득되고 체화된다.

엄빠표
하브루타 읽기

'두 사람이 모이면 세 가지 의견이 나온다.'

-이스라엘 격언

넘쳐나는 SNS의 독후활동 관련 글들을 보다보면 대체 '독후 활동'이 무언가를 근본부터 돌아보게 된다. 책읽기가 읽고 마는 것이 아니라 사고력 확장, 상상력, 논리력 향상에 기여하게 되려면 읽은 후 그 지식과 감성을 뇌와 심장에 새겨넣는 작업은 반드시 필요하다. 그러나 그것이 반드시 거창한 미술놀이, 크래프트 활동이어야만 할까? 그것들이 오감을 자극한다는 면에서는 높은 점수를 주고 싶지만 자칫 한줌의 읽기 후 긴 활동을 통해 대부분의 시간을 독후활동으로 흘려보내는 주객전도의 우려가 있는 것은 사실이다. 그렇다면 이상적인 독후활동은 어떠해야 할까?

사실 이상적인 독후활동이란 없다. 가정의 처한 상황, 부모와 아이의 취향과 성향에 따라 독후활동은 달라져야 함이 마땅할 것이다. 허나 한가지만은 확실하다. 독후활동이 매번 그리고 오리고 만들어야만 하는 것은 아니라는 것이다. 중요한 것은 독서를 통해 아이가 사고를 이어가고 확장하는 것이며 이를 위해 부모가 아이와 의견을 주고받는 것이다.

유대인들의 대표적인 교육방식인 '하브루타'는 '짝'을 뜻하는 '하베르'에서 유래된 용어로 '짝을 지어 질문, 대화, 토론, 논쟁하는 것'을 의미한다. 질문, 대화, 토론, 논쟁? 결국은 이야기를 나누는 것이다. 이야기가 좀 더 논리적이 되면 토론이 되고 여기에 지식과 의견이 좀 더 붙어 날을 세우면 논쟁이 된다. 아이와 읽고 마음껏 이야기 나누라. 그것이 독후활동이고 하브루타이다.

"토론의 승패는 중요하지 않다. 논쟁하고 경청하는 것이 중요한 과정이다."

- 헤츠키 아리엘리 (탈무드 교육가)

함께 읽기(Shared Book Reading)의
기적

아이가 책을 좋아하게 하려면 부모도 함께 책을 읽어라? 이 식상한 잠언은 여러 연구로 뒷받침된 중론이다. 그런데 여기에는 함정이 있다. 그냥 함께 읽기만 해도 물론 좋겠지만 진짜 효과를 보려면 그냥 옆에서 읽는 걸로는 부족하다. 함.께. 읽어야 한다. 여기서 함.께.란 그저 옆에서 각자의 책을 읽는다는 의미와는 다르다.

설명을 돕기 위해 '부모와 함께 책 읽기'(shared book reading)의 효용에 대한 연구 결과를 하나 살펴보자. 슐츠비와 틸(Elizabeth Sulzby & William Teale)의 연구 등 다수 연구 결과에 따르면 부모가 아이에게 책을 그냥 읽어줄 때보다 상호작용을 하며 읽어줄 때 아래와 같은 효과가 나타난다고 한다.

- 인쇄물에 대한 기본 개념을 쉽게 이해하고
- 이야기 구조에 대한 지식을 습득하게 되고
- 문어(文語) 사용에 대한 친밀감을 느끼고
- 책읽기에 대한 관심이 증가한다.

그렇다면 상호작용을 하며 읽어준다는 건 어떤 걸까? 말 그대로 상호작용이다. 그것은 대화일수도 있고 질문일수도 있고 답변일수도 있다. 방점이 끊임없이 피드백을 주고받으며 지식과 생각과 감정을 나누는데 찍힌다면 무엇이라도 좋다.

막연하고 어렵다면 일단 어휘에 집중해보라. 아이들을 가르치다 보면 실제로 책읽기에 흥미을 붙이지 못하는 아이들의 상당수가 모르는 어휘에서 좌절감을 느끼고 책 읽기를 포기한다. '몰입독서'는 그 책 안의 어휘 중 80%이상을 알고 문맥을 이해하고 있어야 가능하다. 모르는 어휘가 발견됐을 때 거리낌 없이 물어보고, 만족할만한 답을 얻을 수 있는 가정 독서 문화를 만들어야 하고, 이때 어휘 설명은 국어사전을 활용해야 한다. 사전을 활용하면 국어라는 언어체계를 이해하고 체화하면서 어휘를 늘려갈 수 있고, 손쉽게 얻는 지식이 아닌 노력하고 탐구함으로 얻는 지식의 소중함을 알게 된다. 아이와 '함께 책 읽기'(shared book reading)를 실천해보자.

이렇게 부모와 함께 읽으며 상호작용을 꾸준히 하면 IQ를 제치고 성공의 요인 중 80%를 차지한다(『EQ감성지능』 대니얼골먼)는 아이의 감성지능도 높아진다. 대니얼골먼에 의하면 감성지능은 자기 자신에게 동기를 부여하고, 좌절 속에서도 밀고 나가며, 충동을 억제하고, 만족을 뒤로 미루며, 자기 기분을 통제하고, 걱정거리 때문에 사고력이 낮아지지 않게 하며, 희망을 품을 줄 아는 능력을 말한다. 희로애락을 겪어내며 살아가는데 필요한 능력의 거의 모든 것을 포괄하는 이 감성지능이 바로 아이와 함께 읽기를 통해 길러진다.

도서 분류의 기준을
파기하라

월령, 학령에 맞는 책이란 없다. 학령이란 공교육 제도를 원활하게 운영하기 위한 임의적 구분이지 아이들 개개인의 재능과 노력, 관심사를 커버할 수는 없다. 아이를 학령이라는 펜스에 가두지 말라.

출판사에서 학령으로 구분해 놓은 문고들도 뜯어보면 수준이 천차만별이며, 사실 책의 수준이란 한 가지 잣대로 결정하기 어렵다. 예를 들어 초등 고학년이 권장 연령인 고전 시리즈인 『빨간 머리 앤』이나 『작은 아씨들』 등은 두께만 두꺼울 뿐 자극적인 내용, 폭력적이거나 선정적인 내용이 전무하다. 반면 어린이를 위한 명작 시리즈로 팔리고 있는 책들 중에 『바람과 함께 사라지다』, 『제인에어』 등은 문학적 가치와는 별개로 유아, 저학년 아이들이 읽기에는 도덕적인 면에서 적절치 않은 부분이 있다.

즉, 내 아이에게 100% 적당한 시리즈는 없다. 한 권 한 권, 정성으로 골라내고 큐레이션 해줘야 한다. 방법은 어렵지 않다. 아이와 함께 도서관에 가서 아이의 관심사가 담긴 책들 중 '내 아이의 읽기력에 맞겠다.' 싶은 책들을 아이들 앞에 놓아 주는 것이다. 그 중 몇 권은 외면당할 것이고, 몇은 사랑받을 것이다. 그 다음은 사랑받은 책과 연관이 있거나 비슷한 부류의 책을 더 찾아주는 것이다. 일단 '너무 어렵지 않을까?'라는 생각은 접어두고 선정적이고 폭력적인 내용만 피하도록 하면 된다.

필자는 초등학교 저학년 때 아빠의 서재에서 펄벅의 '대지'를 읽었던 기억이 아직도 선명하게 남아있다. 놀라운 사실은 사십이 넘어 다시 읽는 '대지'의 핵심이, 그 어린 나이에 읽었던 그것과 상당부분 일치했다는 사실이다. 아이들의 세계는 어른들이 생각하는 것보다 훨씬 넓고 진중하다. 월령, 학령에 맞는 책이란 없다. 우리 아이들을 그 펜스에 가두지 마라.

"좀 더 일찍 책을 읽을걸 그랬어.

하지만 모든 것을 다 놓친 것은 아니야.

글은 아저씨의 마음을 차분하게도 했고 들뜨게도 했어.

또 아저씨를 곰곰 생각에 잠기게도 했고

우쭐한 기분이 들게도 했어.

기쁘게도 했고 슬프게도 했지."

『행복한 청소부/모니카 페트』(초등 6학년 국어)

석학들의
쓰기력 레시피

루스벨트
대통령의 서재

　미국 32대 대통령 프랭클린 루스벨트를 미국 시민들은 미국 역사상 가장 위대한 대통령 중 한 명으로 평가한다. 뉴딜정책을 성공적으로 이끌어 대공황을 극복했고, 국민들을 직접 설득해 세계 제 2차 대전에서 연합국을 승리로 이끈 그의 지적 내공의 비결은 아버지의 서재였다.

　프랭클린이 나고 자란 뉴욕 스프링우드 저택의 아버지 서재에는 벽면 가득 책이 꽂혀 있었고 프랭클린은 그 서재에 파묻혀 책을 읽었다. 14세가 되어 기숙학교로 가기 전까지 그는 아버지 서재에 묻혀 있었다.

　독서를 할 때면 '웹스터 사전'을 곁에 두고 모르는 단어를 찾아보며 책의 내용을 이해하기 위해 노력했고, 특히 해양 관련 책을 좋아해 전문가 버금가는 지식을 쌓았다. 그 덕분에 그는 인류사에서 가장 처참했던 전쟁인 제2차 세계대전을 승리로 이끈 대통령으로 역사에 남았다.

읽기력이 먼저다

문어(文語)의
근사함 읽기

"사막이 아름다운 건
우물을 숨기고 있기 때문이야"

"별들이 아름다운 건 눈에 보이지 않는 꽃 한 송이 때문이야."

"물론이야."

나는 달 아래 너울거리는 모래 습곡들을 잠잠히 바라보았다.

"사막은 아름다워."

어린왕자가 덧붙였다.

사실이었다. 나는 언제나 사막을 사랑했다.

우리는 사막의 모래언덕에 앉아 있었다. 아무것도 보이지 않는다.

아무것도 들리지 않는다. 그런데 그 고요함 가운데 무언가 빛나고 있다……

"사막이 아름다운 건 우물을 숨기고 있기 때문이야."

『어린왕자/생텍쥐베리』 (중학교 1학년 국어) 중에서

"우리 애는 책 싫어해요." "전 책육아 실패했어요." 부모 교육 강연을 하다보면 자주 듣는 말이다. 아이는 책을 싫어하는 게 아니라 읽기의 매력과 조우하지 못한 것이 맞다. 혹은 부모인 내가 그 매력을 아이에게 데려다주지 못한 것일 수도 있다.

그렇다면 책을 좋아하는 아이들은 태생부터 책을 좋아했을까? 아니라고 말하고 싶다. 그 아이들은 그저 읽기의 매력과 일찍 조우했을 뿐이다. 읽기의 매력과 조우하게 되려면 문어(文語)와 친해져야 한다. 실제로 많은 아이들이, 성인들조차도 문어의 정체성을 제대로 알지 못하고 있으며 이 때문에 책을 싫어하는 아이, 혹은 읽더라도 언젠가부터 흥미를 잃거나, 어느 수준 이상으로 올라가지 못하고 읽기력 저

하의 길을 걷는 아이들이 양산되고 있다. 엄마들이 "책 읽어." 한다고 해서 책이 읽어지지는 않는다. 문어의 매력을 체험해보지 못했으니 어찌 책이 재미있을까?

그렇다면 문어(文語)란 무엇일까? 문어의 사전적 의미는 '일상적인 대화에서 쓰는 말이 아닌, 주로 글에서 쓰는 말'이다. 그렇다면 왜 대화에서 쓰는 말과 글에서 쓰는 말이 다를까?

문어(文語)는 어떤 언어이고 구어(口語)는 어떤 언어일까? 우리가 알고 있던 그 구어체, 문어체가 그것들의 정체일까? 그것을 제대로 아는 데에서 '읽기' 라는 탐험으로 떠나는 길목을 만나게 된다.

문어의 근사함 읽기

레시피1

문어와 구어의 매력 차이 알기

레시피2

아이와 고전 읽기

레시피3

확장형 읽기

문어와 구어의
매력 차이 알기

그 이름도 유명한 『월든』의 저자 헨리 데이비드 소로우는 문어에
대해 이렇게 표현했다.

"말로 한 언어와 글로 쓴 언어 사이에는 상당한 간격이 있다. 글자
로 기록된 말들은 구어(口語)보다는 훨씬 높은 차원에 있다. 마치 별
들을 거느리고 있는 창공이 구름보다 훨씬 위에 있듯이 말이다."

- 『월든』(헨리 데이비드 소로우) 중에서

그렇다. 문어(文語)란 차마 내뱉지 못 할 말부터 말로는 미처 하기
어려운 형이상학적 표현까지 포함하고 있어, 그 스펙트럼이 구어보다

훨씬 넓다.

구어(口語)는 말 그대로 말하기나 대화할 때 사용되는 언어이다. 말하기에 쓰이는 언어는 생존언어이다. 우리는 때로 정신을 고양하거나 감정을 나누기 위해 말하기도 하지만, 주로는 살기 위해 말을 한다. 촌각을 다투는 생존의 최전선에서 살아남기 위해 우리는 말하고, 소통한다. 그렇다보니 일상적인 대화는 짧고, 문법이 무너지며, 간단한 문장구조를 사용하고 꽤나 자주 은어, 비격식어, 그 시대만의 관용구, 축약어가 사용된다. 격식있고 우아하기는 어렵다는 얘기다. (때때로 그 일상어조차 우아한 사람들이 있지만, 그런 이들은 드물기에 우리는 그들을 '달변가'라고 부르며 칭송한다.)

반면 문어(文語)는 어떤가? 촌각을 다투는 생존언어인 구어에 비해, 문어는 선택받는 언어이다. 책, 기사, 논문, 공식 서신 등에 쓰이는 문어는 목적을 가지고 시간과 정성을 내어 쓴다. 그도 그럴 것이 문어는 '출산의 고통'에 비유되는 '애씀'을 통해 탄생되는 언어다. 뼈대를 구성하고, 순서를 짜고, 말을 고르고 골라 한권의 책이, 논문이, 하나의 기사가 완성된다. 자연히 문법적으로 비문(非文)이 없고 때로 '문학적 허용'까지 가미된 근사한 언어일 수밖에 없는 것이다. 구어는 현재에 바람을 타고 날아가버리는 언어이지만 문어는 책에, 논문에, 신문에 인쇄되어 박제되는 언어이다. 우리가 지금 알 수 있는 먼 과거의 구어는 문어를 통해 활자로 박제된 언어뿐이다. 그러니 문어는 구어를 포괄하고 있다고 해도 틀린 말이 아니다. 즉, 구어가 작금의 사회와 현실만을 반영하는 '지금'의 언어라면 구어는 긴 인류의 역사를 품고 있는 '역사'의 언어인 것이다.

더욱이 그 수많은 문어 중에서 세월을 타고 살아남은 언어들이라면? 인류의 역사를 거쳐 간 가없이 많은 사피엔스들이 끝내 택해낸, 거르고 걸러진 문어들이 지금까지 전해진 것이라면? 그것은 현존하는 가장 아름답고 가치 있는 언어라 해도 좋을 것이다.

이렇듯 문어는 가치 있고 정제된, 비문 없이 문법에 맞는 언어라서 그 자체로 공부가 되는 언어이기도 하지만 또한 독하고 잔혹한 언어이기도 하다. 사피엔스가 인종 전쟁에서 살아남고, 땅을 차지하고 그 땅을 지키며 민주주의와 자본주의를 발전시켜온 이야기는 당연히 아름답지만은 않았다. 투쟁과 전쟁, 죽고 죽이며 살아남는 '생존'의 역사였고 그 고비 고비의 꼭지점들은 '문학'이라는 유구한 유산으로 전해진다. 그 투쟁 속 언어들은 때론 잔혹하고 작금의 구어에서는 사라진 언어들도 많다. 그렇기에 이러한 문어를 읽는다는 것은 인류에 내린 축복이며 읽기력의 지평을 넓혀주는 가장 좋은 비법이다.

당신들과 아이들은 이 다양한 년도, 다양한 분야, 다양한 배경의 책을 읽어 구어의 아름다움과 만날 권리가 있다. 어쩌면 그것은 AI시대의 파고에 맞설 우리의 의무인지도 모른다. 그 아름다움을 아는 아이는 책읽기에 빠져들 수 있고 책과 평생 친구가 될 수 있다.

레시피2

아이와
고전 읽기

애플을 만든 결정적 힘은
고전 독서 프로그램 덕분이었다.

내가 다녔던 리드칼리지에는
플라톤과 호메로스로부터 시작해
카프카에 이르는 고전 독서 프로그램이 있었다.

- 스티브 잡스 -

'인문학과 기술의 교차로' 사이에 존재한다는 애플의 제품들은 이렇게 고전 마니아 스티브잡스의 뇌와 심장에서 탄생했다.

문어의 근사함을 알아채고 그것과 조우하기 위해서는 고전을 읽어야 한다. 산업이 흥망하고 수많은 문명과 체제가 나고 지는 긴 역사를 뚫고 오롯이 존재감을 뽐내는 고전들은 문명의 진화와 체제의 색깔을 무력화시키는 불변의 가치들을 담고 있다. 또한 당시의 시대, 문화상을 가장 잘 반영한, 살아 있는 역사서이기도 하다. 다양한 시대의, 다양한 배경의 고전을 읽는다는 것은 그 시대에 썼던 문어들을 모두 내 것으로 흡수할 수 있다는 얘기다. 상상의 편린들로만 가질 수 있는 특정 시대나 문화, 가치관, 잠언들을 생생하게 엿보고, 흡수할 수 있는 길은 고전을 통해서 뿐이다. 우리가 한 손에 풍요를 쥐고 다른 손으로는 무심히 흘려보내고 있는 사랑, 정의, 우정, 박애, 공존 등의 가치를 뜨겁게 끌어안고 있는 보물 상자 또한 고전이다. 잃고 있어 엿보기 힘든, 현존하지 않아 가질 수 없는, 그러나 열망하는 인간 본성과 삶에 대한 통찰이 그 책들에 담겨 있다.

말이 그러하듯, 글에도 품격이 있다. 품격 있는 글은 소위 '잘 쓴 글'로 평해지며 평생을 거쳐 살아가는데 큰 무기가 되는데 이 '품위'는 고전 읽기를 통한 통찰력이 안겨준다.

시중의 논술 수업, 작법 수업에서 가르치는 이른바 '글쓰기 스킬' 들도 고전을 통해 획득할 수 있다. 수십 년, 수백 년을 살아남은 고전 작품들은 글쓰기 스킬의 최고점을 점하고 있는 경우가 많아 문체, 구성, 연결 논리, 어법, 어휘 공히 진수를 보여준다. 현존하는 문어의 고점(高點)을 읽고 체화하는 것만큼 좋은 쓰기 공부는 없다.

좋은 글은 공감을 불러일으키는 글이다. 그 이야기에 공감할 때 읽는 이들은 몰입하고 즐거움을 느끼며 감동한다. 공감의 영역은 많은 이들의 인생을 보고, 읽고, 체험해 보았을 발달할 수 있다. 내 일상을 벗어나, 내 시대와 지역을 벗어나 다양한 사람들의 인생을 체험해볼 수 있는 방법은 또한 고전 읽기이다.

그렇다면 대체 어떻게 읽어야 하는 것일까? 고전의 어떤 점에 주목해야 할까? 막막해 할 당신을 위해 몇 가지 고전 작품들을 예로 들어

이야기해보려 한다.

중학교 1학년 국어 교과서에 수록된 황순원의 소설 『소나기』를 보면 요즘 구어에서는 찾아보기 힘들지만 인간의 심리를 빼어나게 묘사한 표현들이 많다.

"이날 밤, 소년은 몰래 덕쇠 할아버지네 호두밭으로 갔다.
낮에 봐 두었던 나무에 올라갔다. 그리고 봐두었던 가지를 향해 작대를 내리쳤다. 호두 송이 떨어지는 소리가 별나게 크게 들렸다. 가슴이 선뜻했다. 그러나 다음 순간, 굵은 호두야 많이 떨어져라, 많이 떨어져라, 저도 모르는 힘에 이끌려 마구 작대기를 내리치는 것이었다.
돌아오는 길에는 열이틀 달이 지우는 그늘만 골라 짚었다. 그늘의 고마움을 처음 느꼈다."

- 『소나기/황순원』 (중학교 1학년 국어) 중에서

소년은 소나기가 오던 날 소녀와 추억을 쌓은 후 소녀에게 주기 위해 난생 처음 '서리' 라는 것을 해본다. 소년은 당시에는 흔했을 서리를 할 주제(?)가 못되는 소심하리만치 정직한 아이였지만 난생 처음 소녀를 위해 서리를 할 만큼 그의 감정은 강렬하다. 그 강렬함을 '저도 모르는 힘에 이끌려 마구 작대기를 내리치는 것'으로 표현하고, 서리 이

후 느낀 죄책감을 '달이 지우는 그늘만 골라 짚었다. 그늘의 고마움을 처음 느꼈다.' 라고 묘사하고 있다. 이렇게 소년의 절절한 마음을 생생하게 전달한 솜씨는 '고전'의 가치를 여실히 뽐내고 있다.

"내일 소녀 네가 양평읍으로 이사 간다는 것이었다. 거기 가서는 조그마한 가겟방을 보게 되리라는 것이었다. 소년은 저도 모르게 주머니 속 호두알을 만지작거리며, 한 손으로 수없이 갈꽃을 휘어 꺾고 있었다."

- 『소나기/황순원』 (중학교 1학년 국어) 중에서

이 문단에서도 마찬가지이다. 소녀 네가 이사한다는 소식을 어른들을 통해 들은 소년이 소녀에게 호두알을 주지도 못하고 헤어지게 되어 느끼는 애달픔을 갈꽃을 휘어 꺾는 행동으로 표현해내고 있다.

어휘나 문체도 마찬가지이다. 구어에서 사라져버렸기에 현재에는 더 이상 찾아보기 어려운 어휘들을 고전에서는 많이 찾아볼 수 있다. 고전을 통해 다양한 어휘를 접하는 일은 문해력에도 읽기력에도 쓰기력에도 기름진 밑바탕이 되어 준다.

아이들과 수업을 하다보면 본능적으로 매력적인 어휘와 문체를 구사하는 아이들이 있다. 문학적인 재능을 타고 난 아이일 수도 있지만 십중팔구는 책을 통해 다양한 어휘와 문체를 접한 경우이다.

교과서에도 수록된 이문구 작가의 작품이 가장 좋은 예가 되어 준다. 이문구 작가는 우리 문학사에서 가장 개성 있는 어휘와 문체를 이뤄낸 '국보급 국어 운용의 대가'로 평가받는다. 『이문구 소설어 사전』이 있을 정도로 토박이말, 방언, 속담, 곁말, 관용어 등 그의 언어는 실로 스펙트럼이 넓고도 깊다.

초사흗날, 그중 붐비잖을 듯싶던 열차로 가려 탄 게 불찰이라 하게 피곤하고도 고달픈 고향길이었다. 한내읍에 닿았을 땐 이미 세 시도 겨워, 머잖아 해거름을 만나게 될 그런 어름이었다. 열차가 한내읍 머리맡이기도 한 갈머리 모퉁이를 돌아설 즈음의 차창은 빗방울까지 그어대고 있었다. 예년에 없은 푹한 날씨이기에 눈을 녹여 비를 뿌리고 있었다.

-『관촌수필/이문구』 (고등학교 문학) 중에서

이문구의 작품에는 한눈에 언뜻 읽었을 때 '사투리인가?' '무슨 말이지?' 싶은 표현들이 한두 줄 건너 한번 씩 등장한다. 예를 들어 '세 시도 겨워'에서 '겨워'는 문학적 허용이 아닌 표준어이다.

겹다: 때가 지나거나 기울어서 늦다.

즉, '세시도 겨워'는 '세시도 넘어서'라는 의미이다.

해거름: 해가 서쪽으로 넘어가는 일

어름: 시간이나 장소나 사건 따위의 일정한 테두리 안. 또는 그 가까이

생경하게 느껴지는 '해거름'과 '어름' 역시 엄연히 존재하는 표준어이다. '이문구 작가만 쓰는 너무 어려운 단어 아니야?' 그렇지 않다. 다른 작품들에서도 어렵지 않게 찾아볼 수 있는 어휘이다.

등교 때나 퇴교 때 같으면 규율부가 나와 있어 연락이 가능했지만 목요일의 오후 세 시 어름은 그러기에도 어중간한 시간이었다.

-『변경/이문열』 중에서

남들은 '석양', '해질녘'으로 밖에 표현해내지 못하는 해가 서녘으로 넘어가는 순간을 '해거름'이라는 표현으로 써내려갈 수 있다면 얼마나 근사한 무기가 되어 주는가?

'어름'은 또 어떠한가? 세시 즈음, 세시가 다 되어, 세시 무렵에 비해 '세시 어름'은 정확한 시점을 드러내면서도 흔치 않은, 얼마나 아름다

운 어휘인가!

이렇게 읽혀지지 않아 잊혀져 가고, 잊혀져 가기에 더욱 귀한 표현들이 고전 속에는 보석처럼 알알이 박혀 있다.

그렇다면 아이들과 함께 고전을 읽으며 우리가 얻을 수 있는 효용은 이러한 글쓰기 스킬에 불과할까? 당연히 아니다. 고전에서 우리가 건져 올려야 할 진짜 효용은 바로 '가치'이다. 수십 년 혹은 수백 년, 심지어 수천 년을 뚫고서 살아남은 가치들을 우리는 고전의 우물에서 퍼다가 아이들에게 날라주어야 할 의무가 있다.

"멀리 되돌아볼수록 더 먼 미래를 볼 수 있다."

- 윈스턴 처칠

그럼에도 불구하고 대부분의 고전 작품들은 어린 아이들이 혼자 읽기에 다소 어려운 글들이 많고, 고전을 어린이들이 쉽게 읽도록 풀어쓴 책들은 원전을 해치고 있거나 원전의 가치를 온전히 담지 못한 경우가 많다. 따라서 원전을 다시 재정리해 집필한 책이 아닌 원전 그 자체를 아이와 읽고 나누길 권한다.

아이와 함께 고전의 가치를 나누기 위해서 부모가 할 수 있는 가장 손쉬운 노력은 아이와 '가치 질문 나누기'이다. 좋은 글은 빼어난 작문력과 취하고 픈 가치를 함께 품고 있는 글이며, '가치'는 고전을 통해 습득되고 체화될 수 있다.

그런데 '가치 나누기' 중에도 왜 하필 '질문 나누기'일까? 인문학과 실용학문들의 가장 큰 차이 중 하나는 인문학의 핵심이 '명제'가 아닌 '질문'이라는 점이다. 인문학에는 단 하나의 정답이 정해져 있지 않고, 또한 그것을 알려주기도 어렵다. 답을 알려주지 않으니 스스로 찾아야 하는데, 이 길이 우리 아이들이 걸어가야할 인생의 여정이고, 우리들의 남은 길이기도 하다. 아이들과 질문을 나누고 그에 대한 해답을 찾는 시간을 가져야 하는 것이 바로 이 이유에서이다.

그렇다면 어떤 질문을 나눠야 할까? 그 고전이 품은 가치(명제)와 관련된 질문을 정리하고, 나눠보며 아이에게 생각하는 힘을 길러주고 또 생각을 정리하는 연습을 해보면 되는데, 불멸의 고전 작품 중 『작은 아씨들』을 예로 들어 가치 질문 나누는 방법을 이야기해보려 한다.

　　"우리의 짐은 바로 여기 있고,
　　우리의 길은 앞에 놓여 있으며,
　　선함과 행복에 대한 바람은 길잡이가 되어
　　우리를 어려움과 실수를 지나 평화로운 곳으로 데려다주거든.

Our burdens are here, our road is before us, and the longing for goodness and happiness is the guide that leads us through many troubles and mistakes to the peace which is a true Celestial City."

-『작은 아씨들 /루이자 메이 올컷』

마치 부인의 말 중에서

1868년 집필돼 미국 남북전쟁 시기의 생활상이 고스란히 드러나 있는 이 작품은 사랑, 우애, 배려, 이타, 이기, 희생, 전쟁, 욕망, 허영, 그리움, 상실감 등의 일류 보편의 가치들이, 꿈꾸고 아파하고 성장하는 네 10대들의 시선에서 그려지고 있다. 어린 시절 너덜너덜해지도록 읽고 읽으며 한글도 뗐던 이 작품을 엄마가 되어 다시 보다보면 네 자매를 이끄는 어머니 마치 부인의 교육에 이 작품의 가치가 심겨져 있음을 알 수 있다. 마치 부인이 네 아이들을 훈육하고 아이들과 나누는 이야기 속에 많은 가치 질문들이 숨겨져 있다. 몇 가지 질문들을 소개한다.

'작은 아씨들'을 읽고 나눠 볼 질문

'분노'란 무엇이고 어떻게 극복할수 있을까? (챕터 8)

'감사' 란 무엇이고 평소 가족에게 어떻게 감사를 표현해야 할까? (챕터 11)

'헌신' 이란 무엇이고 헌신은 왜 꼭 필요한 가치일까? (챕터 17)

전쟁과 평화는 우리의 인생에 어떤 의미를 갖는가? (챕터 15)

삶과 죽음을 어떻게 받아들여야 할까? (챕터 19)

가치 질문과 그에 대한 답에서 쓰기력이 시작된다. 사람의 마음
을 움직이는, 혹은 이해시키는, 설득하는 글쓰기에는 공히 올바른, 공
감을 불러일으키는 가치가 필수 조건이기 때문이다. 사람에도 호감과
비호감이 갈리듯, 글에도 호감과 비호감이 존재한다. 그리고 그 경계
에는 '가치'가 있다. 이는 '정의'와도 상통하는 개념이며 '정의'는 우리
아이들이 살아가는 데 길잡이가 되어줄 뿐만 아니라 대입 논술의 '좋
은 결론'에도 귀결된다.

　아이들과 함께 읽어야할 30권의 고전 도서들에 대해서는 5교시

(p194)에서 기술하니 아이와 꼭 읽어보며 가치 질문을 나누고, 또 '인문학 글쓰기'를 실천해보기 바란다.

사랑하면 알게 되고

알게 되면 보이나니,

그때 보이는 것은 전과 같지 않으리라.

- 유한준 -

모든 일의 성취는 꾸준함에서 시작해 '눈 굴리기 식' 성장을 통해 완성된다. 읽기를 통해 '눈 굴리기 식' 성장을 경험하는 방법은 간단하다. 한 챕터, 한 권의 책을 읽고 거기에 그치는 것이 아니라 그 시대, 그 배경을 따라 꼬리를 물고 '앎'을 확장해가며 읽는 것이다. '아는 만큼 보인다'는 잠언이 '읽기'에서만큼 유효한 순간이 또 있을까.

그렇다면 어떻게 배경을 따라 '앎'을 확장해가면 될까? 첫 번째 방법은 배경 확장형 사슬 읽기이다. 조금만 신경 써서 자료를 찾고 공부하면 엄마표로도 충분히 할 수 있다.

예를 들어 아이와 〈안네의 일기〉를 읽었다고 할 때, '1940년대 전
체주의의 칼날에 휘둘린 소녀와 그 가족의 삶'이라는 관점에서 확대
해 '같은 전체주의에 희생된 우리 아이들의 삶은 어땠을까?'라는 생각
을 아이와 나누고 그에 해당하는 책을 함께 찾아서 읽는 것이다. 그러
한 책의 예로는 〈토지(박경리)〉를 들 수 있다. 대한제국에서 시작해
광복과 함께 끝나는 이 작품을 통해 세계 제 2차대전을 촉발한 전체
주의에 희생된 이들의 삶을 엿볼 수 있다. 여기에 그치지 않고 시대를
조금 더 확장해보면 광복 이후 한국전쟁 직후에 쓰인 〈소나기〉를 통
해 전후 우리 아이들의 생활상을 엿볼 수 있다. 그런데 아이들과 〈소
나기〉를 읽어보고 시대를 유추해보라고 하면 실제보다 더 최근으로
생각하는 경우가 많다. 전후에는 모든 아이들이 어느 책에선가 보았
던 꼬질꼬질한 전쟁 고아의 모습으로 배를 곯으며 살았을 것이란 편
견을 가지고 있는 것이다. 그 시절 아이들은 '행복'이란 단어와는 거리
가 먼 삶을 살았을 것이라는 막연한 이미지도 함께 말이다. 하지만 어
느 시대나 사람들은 사랑을 하고 꿈을 꾸고 정을 나누며 살았다. 시절

의 어려움과 함께. 아이들이 막연한 '이미지' 한 장으로 알고 있는 역사와 인문학은 이렇게 읽기를 통해 구체화되기도 하고 공중분해 되기도 한다.

우리 아이들이 학교에서 배우는 교과와 연계해 확장형 읽기를 하는 방법도 있다. 이 역시 엄마표로 어렵지 않게 해낼 수 있다.

―――――――――――――――――――
교과 연계 확장형 읽기 (예시)
―――――――――――――――――――
리디아의 정원(초등 국어 3-1) - 중학교 역사2 2-3단원
―――――――――――――――――――

"우리집 형편이 나아질 때까지 제가 외삼촌네서 살면
어떻겠느냐고 하셨다면서요? 할머니에게 들으셨어요?
아빠가 오랫동안 일자리를 구하지 못했고,
이제는 아무도 엄마에게 옷을 지어달라고 하지 않는다는 걸요."

                        - 〈리디아의 정원〉(초등 국어 3-1) 중에서

미국 소녀 리디아 그레이스는 30년대 대공황의 여파로 아빠가 실직하자 빵집을 하는 도시의 삼촌댁으로 떠나게 된다. 삼촌댁에서 할머니가 보내주시는 꽃씨를 심고 가꾸며 그 시간을 이겨낸다.

이렇게 30년대 경제대공황은 수많은 미국인들이 배를 곯았을 만큼 심각했다. 1930년대 중반부터 서서히 살아나기 시작한 미국 경제는 1937년~1938년 또 한 번의 위기를 맞는데, 그 위기에서 완전히 탈출하게 된 것은 잘 알려진 대로 제2차세계대전의 전쟁특수 때문이었다.

그렇다면 이 무렵, 우리 국민들의 삶은 어땠을까? 다양한 검색 방법이 있겠지만 아이들의 교과 내용에 접근해 지식을 나누는 방법을 추천한다.

"일제는 만주사변(1931년)을 일으켜 대륙 침략의 발판을 마련하였다. 이어 중·일 전쟁(1937년)과 태평양전쟁(1941년)을 일으켜 침략 전쟁을 확대해 나갔다.

중·일전쟁 이후 일제는 한국인을 침략 전쟁에 동원하기 위하여 내선일체를 내세우고 황국 신민화 정책을 본격화하였다."

- 〈중학교 역사 2 2-3단원〉중에서

우리 국민들이 세계의 사정에 어두웠던 이때도 지구는 하나였고 맞물려 돌아갔다. 이렇듯 확장형 읽기는 아이들의 시선과 사고의 폭을 넓혀주고 다양한 분야의 어휘를 통합적으로 습득 할 수 있게 해주어 문해력은 물론 학업 성취도 또한 자연스레 올라가게 하는 비기(祕器)이다.

필자가 운영하는 초,중,고등학생 대상 〈통합교과 쓰기력 〉에서 가장 긴 시간과 노력을 할애하는 부분도 바로 이 부분이다.

"더 이상 운이 따라주지 않아서 이렇지.

하지만 누가 알아? 어쩌면 오늘일지 몰라.

하루하루가 새로운 법 아닌가.

운이 따라준다면 나쁠 것 없지.

하지만 나는 정확히 하려고 더 애쓰겠어.

그래야 운이 찾아왔을 때 맞을 준비가 돼 있지 않겠나?"

『노인과 바다/어니스트 헤밍웨이』 (고등학교 문학)

"우리 집에서는 책이 신성한 존재가 아니었다.
식탁에도, 캠핑매트에도, 아일랜드 테이블에도, 화장실에도
책이 나뒹굴었고, 아이는 책을
읽기도, 가지고 놀기도, 베고 자기도 했다.
그렇게 책은 아이의 막역한 친구가 되어 갔다."

쓰기 위한 근력 기르기

66

아무리 재주를 타고난 사람이라도
글 쓰는 법은 하루아침에 익힐 수 없다.
/

장자크 루소

99

쓰기 위한 근력 기르기

쓰기 위한
생각 모으기

"상상해볼 수 있잖아요."

"다행히도 상상은 누구도 제한할 수 없고,
마음껏 날아다닐 수 있어요.
사람은 그날 무슨 일이 일어날지
미리 상상해볼 수 있잖아요."

『빨간머리앤/루시 모드 몽고메리』

들
어
가
는

말

읽기 근력이 충분하다면 쓰기 근력도 쉬이 붙는다. 쓰기 근력의 종착지는 '몰입적 쓰기의 즐거움'이다. 몰입해서 쓰는 순간의 즐거움을 알게 되면 중,고등 수행평가-대입 논술로 시작해 대학의 각종 시험들, 리포트, 자기소개서, 사회생활에서 써야할 각종 보고서에 이르기까지 평생을 관통해 글쓰기는 우리 아이들에게 '자신감'의 표현이자, '자존감' 지킴이가 되어 줄 것이다.

자신감은 그렇다 치더라도 글쓰기가 자존감 지킴이가 된다고? 당연히 그러하다. 글쓰기는 자신과 나누는 가장 깊은 대화이다. 글쓰기는 자신의 행동, 감정, 상황을 객관적으로 보게 해 줘 불확실했던 감정을 명확히 하고 원인을 파악하기 어려웠던 자신의 행동을 스스로 이해하게 한다. 메타인지, 자제력, 의지력도 자신에 대한 객관적인 파악과 기록에서 출발한다. 자신에 대해 아는 만큼 정확하게 판단하고 결정하고 행동할 수 있는 것이다.

'자신에 대한 이해'는 IQ와 더불어 학습의 필수 조건인 감성지능(EQ)을 향상시킨다.『감성 지능』을 쓰고 EQ혁명을 불러일으킨 데니얼 골먼(Daniel Goleman)은 '감성두뇌는 사고 두뇌를 압도하거나 마비시키는 힘을 갖고 있다.'는 연구결과를 발표하며 자신의 경험을 털어놓는다. 한번은 귀에서 심장이 뛰는 소리가 들리고 명치끝이 답답해져 시험을 치르지 못하고 얼어붙은 동물처럼 꼼짝없이 앉아 있다가 시험 시간이 끝나고 말았다는 것이다. 하버드대학교에서 박사학위를 받은 그가 IQ가 낮아 시험을 치르지 못했을 리 만무하고 이 경험은 역시나 감성지능과 맞닿아 있었던 것이다.

필자 역시 비슷한 경험을 한 적이 있다. 중학교 시절 전교 5등 안에서 움직였던 성적이 고등학교에 진학하고서는 반에서 6~7등을 맴돌 정도로 추락했는데, 변화는 시험 날이 아닌 일상 속에서 느꼈다. 동일한 시간을 투자해도 도무지 집중을 하기가 어려웠다. 대체 필자에게 무슨 일이 있었던 것일까?

중학교 3학년 겨울 방학식날. 그 날은 평생 잊지 못할 날이 되고 말았다. 아버지의 갑작스런 사고 소식. 중학교 3학년 소녀였던 필자는 그날 상복을 입어야 했다. 어른스러운 소녀였던 필자는 가정주부에서 하루아침에 3남매를 부양해야하는 가장이 된 어머니의 고통을 나뉘가지려 나의 슬픔을 꾹꾹 눌러 심장 속에 우겨넣고 지냈다. 극한의 슬픔이란 표정으로 드러나지 않는다 해도 튀어나오고야 마는 법이다. 필자는 감성 지능에 심각한 손상을 입었고, 집중할 수 없는 지경에 이르게 된 것이다. 억눌러야하는 슬픔 속에서 떨어지는 성적까지 마주해야 했던 열여섯 소녀는 그 이유조차 알지 못하고 그저 고통에 몸부림쳐야 했다.

우리나라 입시 환경 속에서 대게는 아이들이 중학교에 입학하면 글쓰기는 입시용 논술 쓰기만이 허용된다. 어렸을 때부터 글쓰기가 취미이자 특기였던 필자에게도 그 시기는 '입시'라는 이름으로 글 쓸 시간조차 허용되지 않았다. 그때 누군가 한 어른이 필자의 특기였던 '몰입적 쓰기'를 통해 다친 마음을 치유할 수 있도록 도왔다면 인생이 달라졌을지도 모른다. 만약 그랬더라면 필자는 마음도 치유되고 잃어버린 성적도 되찾을 수 있었을지도 모른다. 이렇듯 '쓰기'는 IQ뿐만 아니라 감성지능을 높여주고 집중력을 키워 학업 성취도를 향상시킨다.

그렇다면 '몰입적 쓰기'는 어떻게 해야 하는 걸까? 타고난 재능도, 가상한 노력도 즐기는 자를 이기지 못한다고 했다. 쓰기를 즐기기 위해서는 '쓰는 몰입의 즐거움'을 알아야 한다. 쓰기력의 종착지인 '몰입적 글쓰기의 즐거움'은 쓰기 근력이 탄탄한 이들만이 맛볼 수 있다. 어느 책인가에 깊이 빠져들어 시간 가는 줄 모르고 읽었던 기억이 있는가? 혹은 아이의 그런 모습을 목도한 일이 있는가? 그 '몰두'의 즐거움이 쓰기에까지 스며들 때 '몰입적 쓰기의 즐거움'을 느낄 수 있는데 이를 위해서는 먼저 쓰기 위한 '생각 근력'을 키워야 한다.

레시피1

생각 계단, 쓰기 계단 이해하기

레시피2

쓰기력 게임

레시피3

발췌 필사

생각 계단, 쓰기 계단
이해하기

잘 쓰기 위해서는 잘 생각해야 하고 또 잘 모아야 한다. 이를 위한 첫 단계는 '쓰기 위한 생각'의 단계를 이해하는 것이다. 생각은 계단과도 같은 단계를 가지고 있는데, 높은 층까지 올라갈 수 있는 이가 좋은 생각을 하고 좋은 글을 쓸 수 있다.

쓰기 위한 생각 6계단

6층 추론하기
5층 분석하기
4층 창작하기
3층 해석하기
2층 기억하기
1층 알아채기

1층 알아채기

1단계는 단순한 알아채기 단계이다. 차 안에서 차창 밖으로 스쳐가는 풍경을 보며 때로, 특정한 풍경에서 옛 기억을 떠올리기도 하고 영감을 받기도 하지만 대게는 그저 스쳐갈 뿐이다. 이때와 같이 특별한 집중을 요하지 않는 단계가 '알아채기' 단계이다.

2층 기억하기

인간은 알아 챈 것을 기억하게 되어 있다. 기억력은 인간의 생각하는 능력 중 제일 처음 발달하는 능력이고, 그래서 어릴수록 기억력이 발달하고 나이 들수록 감퇴한다고 알려져 있다. 여기서의 기억력은 단순한 암기력을 뜻한다.

3층 해석하기

단순히 기억하기만 했던 생각은 여러 가지 기억이 나열되었을 때 이를 조직하고 정리할 필요를 느낀다. 기억에 대한 해석이 시작되는 것이다. 이 층부터는 집중력이 필요해진다.

4층 창작하기

기억을 정리하고 조직했다면 이를 바탕으로 여러 가지 생각을 해낼 수 있게 된다. 창작 능력이 여기에 속하고 역시 집중력을 요한다.

5층 분석하기

4층에서 단순히 '또 다른 생각'을 해 냈다면 5층에서는 생각을 넓히기도 하고 더 깊이 파고 들기도 하면서 판단하고 분석한다. 5층에 올라가려면 이전 4층을 모두 올라와야만 하는데 그만큼 고도의 집중력을 요한다.

6층 추론하기

5층에서 분석, 판단한 것을 바탕으로 다른 판단을 이끌어내는 것이 추론이다. 생각의 수준 중 가장 높은 단계로 집중력이 약한 사람은 이 단계를 한 번도 경험하지 못하기도 한다.

쓰기력을 기르는 단계는 바로 이 〈생각의 계단〉과 흡사하다. 엄마표 글쓰기 하고자 한다면, 아니 아이와 함께 각자의 쓰기력을 향상시키고자 한다면 이 〈생각의 단계〉를 인지하고 그에 따른 〈쓰기 단계〉역시 염두 해 두고 있어야 한다. 아이들의 글쓰기도, 엄빠의 글쓰기도 단계별로 천천히 가야 체하지 않고 멀리, 오래 갈 수 있다. 아이에게 당장 〈주장하는 글〉 쓰기를 강요하지 마라. 스치듯 본 것을, 문득 느낀 감정을 끄적이는 것으로부터, 글쓰기는 무심한 듯 그렇게 아이의 인생에, 나의 인생에 찾아와 줄 것이다.

각 생각 단계에 상응하는 쓰기 계단은 다음과 같다. 1층 끄적이기,

메모부터 차근히 6층 논술, 논문까지 올라가는 것이다. 아이와 어딜 가든 메모지를 준비해 가 함께 *끄적*이는 것부터 시작해보라. *끄적*이기에서 일기로, 일기에서 기행문으로, 기행문에서 독서감상문으로 옮겨가다보면 고로도 구성된 논술을 쓸 날도 머지않았을 것이다.

생각 계단	쓰기 계단
1층 / 알아채기	끄적이기, 메모
2층 / 기억하기	일기, 수필 (단순 사건)
3층 / 해석하기	일기, 수필 (감상 추가)
4층 / 창작하기	시, 기행문
5층 / 분석하기	주장하는 글, 독서 감상문
6층 / 추론하기	논술, 논문

쓰기력 게임

　그렇다면 생각계단을 넘나들며 생각근력을 기르는 방법은 없을까? 아이들에게 매일 일기 쓰기를 강요하거나, 박물관 등에 다녀와서 느낀 점 쓰기를 강요해 본 기억이 있다면 당장 그만두라 하고 싶다. 생각 근력도, 읽기 근력도 없는 상태에서 무턱대고 쓰기란 의미 없는 제자리걸음일 뿐이다.

　생각하는 몸풀기, 쓰기력 게임으로 생각근력 기르기를 시작해보자.

1. 끝말(끝줄) 이어가기

　심심풀이로나(?)하는 놀이 끝말잇기는 사실 엄청난 힘을 가진 위대한 게임이다. 다음 이을 단어를 생각하는 그 짧은 순간, 책을 읽을 때와 같이 우리의 뇌 중 복잡한 인지 기능을 담당하는 전두전야(前頭前野)가 자극된다. 단, 끝말잇기에서는 아이들의 흥미를 돋우기 위해서 명사뿐만 아니라 부사, 형용사, 고유명사까지 모두 허용하는 것이 좋다.

끝말잇기도 좋지만 끝줄잇기는 더 좋다. 끝말잇기가 어휘 확장능력을 키운다면 끝줄잇기는 그 자체로 완벽한 글쓰기 연습이 된다. 상상의 나래를 펼치며 과거와 미래를, 전 세계를 넘나드는 아이의 문장은 때로 수필이 되기도, 소설이 되기도 한다. 아이의 뇌 속 세상으로 시도 때도 없이 함께 여행을 떠나보자.

일상은 습관이 되고 습관은 능력치를 끌어올린다. 교통 체증에 걸린 차 안에서, 맛집 대기줄에 서서 차례를 기다리며, 캠핑장에서 불멍의 순간, 아이에게 첫 단어를 외쳐보자.

2. '묘사의 신' 게임

필자가 운영하는 '쓰기력 수업⬛'에서 아이들과 수업하다 보면(특히 남자 아이들의 경우) 문장 늘여 쓰기를 어려워한다. 간결한 단문은 명확하게 쓰기의 기본이 되어주지만 미세한 의미의 차이, 힘주어 하는 주장, 공감을 불러일으키는 감정 표현에는 부족하다. 다양한 표현을 위해서는 문장 늘여 쓰기가 필수이다. '묘사의 신'게임을 하다보면 자연히 문장을 늘여 쓰게 된다.

장소가 어디라도 좋다. 당신과 아이가 있는 그곳에서 바로 시작할
수 있다. 풍경, 인물, 음식, 동물, 식물, 무엇이라도 좋다. 오늘 당신과
아이를 매료시킨 대상을 놓고 그것의 움직임과 그것이 주는 감흥을 두
고 한껏 개성을 부리며 묘사해보는 거다. 평가 기준은 '재미'이다. 같은
사물을 보고 창의적이고 재미있는 표현으로 묘사한 쪽이 승리다.

3. 삼행시(삼행글) 게임

좋은 글에는 반전이 있다. 반전이란 『식스센스』급의 소름끼치는 뒤
통수만을 의미하지는 않는다. 생각지 못한 위트도 반전이고, 아이들
식의 창의적인 결말도 반전이며 저마다의 다른 생각도 반전이 될 수
있다. 당연하지 않게 흘러가는 모든 흐름이 반전이 될 수 있다.

그런 의미에서 삼행시는 글쓰기의 기본 구성인 (처음-중간-끝)의
구조를 지닌 훌륭한 쓰기력 놀이이다. 아이들은 특정 음절로 시작하
는 3개의 문장을 떠올리고, 나아가 그 문장들이 2행, 3행으로 갈수
록 흥미롭고 듣는 이의 마음을 사로잡을 수 있는 방법을 고민하고 구
성한다. 그 짧은 시간동안 뇌 속에서 일어나는 회전은 정식으로 글을
쓰려 문단을 구성하는 방식과 아주 흡사하다. 즉, 심심풀이로 혹은
'재미'로 하는 삼행시 짓기가 완벽한 생각 모으기 훈련이라는 얘기다.

삼행시 역시 '삼행글 짓기'로 확장하여 해보자. 하나의 제시어를 던
지는 것은 삼행시 게임과 같다. 삼행시가 완결된 문장으로 끝나지 않

아도 된다면, 삼행글은 각 3행이 모두 완결된 문장으로 끝나면 된다. 삼행시가 자유로운 구어(口語)에 가깝다면 삼행글 짓기는 문어(文語)에 좀 더 근접할 수 있는 길이 된다. 이렇게 조금씩 조금씩 시나브로 문어와 친해지는 거다. 어느 날 문득 가까워져 있다고 느끼는 관계처럼, 어렵게 느껴지는 문어(文語)와 우리의 관계도 그러하다.

4. 필담게임

구어와 문어는 분명 결이 다르지만 언어는 구어로부터 탄생했고, 품격 있는 문어와 더불어 생생한 구어를 쓸 수 있을 때 살아 숨 쉬는 글이 탄생한다. 아이와 생생하면서도 저급하지 않은 구어를 글로 담는 최고의 방법은 '필담게임'이다. 그냥 필담을 나누는 것도 좋지만 한 작품을 선정해 그 작품 속으로 들어갔다고 생각하고 필담을 나누면 쓰기력에 훨씬 도움이 된다.

필담게임은 실제로 필자가 운영하는 '통합교과 쓰기력 수업'의 최고 인기 게임이기도 하다.

선정 작품은 고전이면 좋다. (p194 아이와 읽을 고전 목록 참고) 아이들은 21세기에 살고 있기에 고전 작품 속 주인공들로 분할 때, 아이와 나누는 필담은 시대를 넘나드는 희곡이 될 수 있다.

〈아이와 쓰기력 게임 - 필담게임〉

1. 아이가 좋아하는 책의 한 장면 속에 들어와 있다고 생각하고 각자
   역할을 정한다.

2. 작품 속 캐릭터를 살리고 개연성을 유지하면서 아이와 필담을
   주고받는다.

3. 한 장면이 온전히 완성될 수 있도록 필담을 최소 20번이상
   주고받는다.

4. 필담이 끝난 후 재미있었던 전개 내용이나 표현을 칭찬해 줘
   아이에게 자신감을 심어 주고 아이와 따스한 공부 정서를 나눈다.

필사는 단연 글을 잘 쓸 수 있게 도와주는 도구이다. 와일더 펜필드 (Wilder Penfield)의 연구에 따르면 우리 몸의 감각기관 중 입 주위와 손가락 부위에 대뇌피질의 감각신경 정보와 운동신경 정보를 전달하는 신경세포가 집중적으로 더 분포되어 있어 입과 손가락을 움직이며 읽으면 뇌의 많은 부분이 자극되고 활성화 된다고 한다. 이는 메타인지(남의 지시 이전에 스스로 자기 생각에 대해 생각하는 능력)와도 관련이 있다. 메타인지를 위해서는 장기 기억력을 향상시켜야하는데 눈으로 읽고 소리 내어 읽으며 손으로 쓴 기억은 오래간다.

하지만 아이들에게 필사를 시켜보면 가장 먼저 나오는 반응은 "이

걸 다 쓰라고???" 이다.

"응, 다 쓰지 않아도 돼. 좋아하는 부분만 써봐."

이것이 바로 '발췌필사' 이다. '발췌 필사' 만 꾸준히 해도 쓰기력이
향상된다.

조선이 성리학의 늪에 빠져 퇴보할 때, 시대를 앞서갔던 위대한 실
학자 다산(정약용)역시 자녀들에게 쓴 편지에서 '가릴 초'(初)자를 써
발췌필사의 필요성을 강조했다.

"한번 죽 읽고 버려둔다면 나중에 다시 필요한 내용을

찾을 때 곤란하지 않겠느냐?

그러니 책을 읽을 때는 중요한 내용이 있거든 가려 뽑아서

따로 정리해 두는 습관을 길러야 할 것이다.

이것을 '抄書초서'라고 하는 것이다."

- 아버지의 편지(정약용, 초등 6학년 국어)

발췌필사는 읽기 근력, 쓰기 근력을 동시에 길러주는 공부 같지 않
은 최상의 공부이다. 발췌필사를 꾸준히 한다면 여러 가지 읽기력, 쓰
기력의 향상을 한번에 경험할 수 있다. 발췌 필사를 통해 다음과 같
은 효과를 얻을 수 있다.

1 아이에게 필사를 놀이로 인식하게 한다.

2 좋은 문장 고르는 안목이 길러진다.

3 뇌를 다각적으로 자극하고 활성화시킨다.

4 나만의 문장을 모으는 정서적 효용을 확보할 수 있다.

5 양질의 문장이 체화돼 좋은 글을 쓸 수 있게 된다.

이렇게 스스로 고르고 필사한 문장들은 언젠가는 자기 문장이 되어 나온다. 글을 쓴다는 건 궁극에는 문장을, 단어를, 조사를 고르고 다듬는 일이니 말이다. 당장 자기만의 문장화되지 않아도 괜찮다. 인용 만으로도 글의 퀄리티는 엄청나게 높아진다. 적절한, 양질의 인용구로 시작하는 글은 읽는 이의 시선을 사로잡는다. 또한 어린 시절에 마음에 품은 인용구는 평생을 두고 삶의 길잡이가 되어 주기도 한다.

아이들이 보물찾기 하듯 고른 문장을 모으면 근사한 한 권의 명언집이 된다. 아이와 각각 '나만의 발췌필사 노트'를 만들어보자.

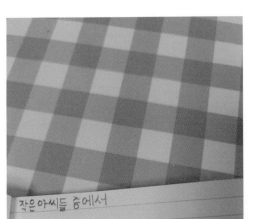

작은아씨들 중에서

아버지는 베스를 「작은고요」라고
불렀는데, 그 별명은 베스에게
아주 잘 어울렸다. 베스는 혼자만의
행복한 세상에 살면서 이따금 믿고
사랑하는 몇 사람만 만나러 나온 사람 같았다.

NO. 02

쓰기 위한 근력 기르기

쓰기와
친구 되기

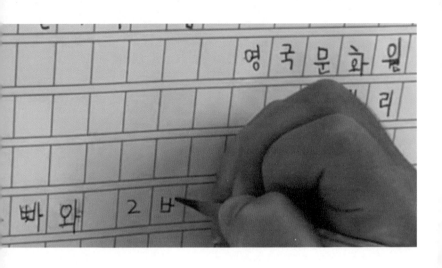

"믿음직한 친구 같다."

"글쓰기는 언제나 나와 함께하는 믿음직한 친구 같다.
나를 실망시키지 않고, 내 이야기를 들어주고,
내 내면의 혼란을 정리할 수 있게 도와준다."

『버드 바이 버드/앤 라모트』

읽기력의 지층을 켜켜이 쌓고, 생각이 그득그득 흘러 남칠 만큼 담겼다 해도 하루아침에 그 생각들이 종이 위로 쏟아져 내리지는 않는다. 마음먹고 시기를 정해 쓰기에만 집중한다고 해도 어느날 갑자기 잘 쓸 수 없다.

'백지 공포'. 말 그대로 하얀 종이를 마주하면 아무 생각도 나지 않고 마치 눈앞에 놓인 종이처럼 머릿속이 하얘진다는 의미다. 아이들은 물론이고 성인들도 상당수 겪는다는 이 증후군은 어디에서 비롯될까?

다양한 원인이 있겠지만 필자는 이렇게 말해주고 싶다.

"당신은 단지, 쓰기와 친하지 않을 뿐이에요."

위대한 재능을 타고났다면야 읽지도 않아도 대단하게 써낼지 모른다. 하지만 범인凡人인 대부분의 우리들 중에 누구나 '백지 공포'까지는 아니더라도 종이를 앞두고 작은 망설임과 머뭇거림을 느껴보지 않은 이는 거의 없을 것이다. "저는 글을 못 써서..." 아니다. 당신은 단지 쓰기와 친하지 않을 뿐이다. 친해지면 된다. 하지만 성인들은 오래 걸린다. 우리 아이들은 희망이 넘친다. 오늘부터 당장 친해지면 된다. 우리네보다 훨씬 빨리, 훨씬 깊이, 쓰기와 친해질 수 있다.

레시피1

끄적이기의 기적

레시피2

감정 모아 쓰기

레시피3

견문 모아 쓰기

만난 첫날부터 절친이 될 순 없다. 짧게 짧게 함께 시간을 보내며 서로를 알아가고, 또 서로에게 익숙해져야 한다. 낙서부터 시작하는 거다. 낙서 잘 하는 아이가 잘 끄적이고 잘 끄적이는 아이가 결국 글을 편안하게 써내려간다. 부모가 해야할 일은 단순하다. 낙서를 소중히 다뤄줄 것. 마음껏 끄적이게 할 것.

늘 자료를 찾고, 생각하고 글쓰는 일이 직업인 엄마를 가진 필자의 아이는 늘 엄마 책상에 너부러져 있는 '엄마의 메모'를 보며 자랐다. 자연히 자신도 옆에서 작은 메모지에 무언가를 끄적이는 일이 일상이었다. 그런 일상을 살다보면 집안 여기저기에 무언가를 끄적인 메모지들이 나부낀다. 언뜻 보면 낙서에 불과한 이 종이 조각들은 부모들에게는 쓰레기로 보이기 일쑤다. 그러나 이 '쓰레기'들이 바로 우리 아이들이 쓰기와 친구가 되는 귀한 매개체이다. 자신이 좋아하는 놀이에서, 자신이 적고 싶은 것을 한 글자 한 글자 적으며 신이 나고 재미있었던 경험. 그 경험이 아이와 쓰기를 친해지게 했다. 친한데 더 무슨 노력이 필요하랴. 그때부턴 그냥 재미있게 쓰면 되는 거다.

엄밀히 말해 글의 형식이란 없다. 논술 안에도 에세이가 들어가며, 에세이 안에도 논설문이 들어가며, 기행문과 일기는 한 배에서 나온다. 형식을 정해주는 순간 아이의 글은 획일화될 것이며 아이는 자유롭지 못하고 갑갑함을 느껴 글쓰기에 흥미를 잃게 될 것이다. 대화글도 좋고 암호도 좋고 노래 가사도 좋다. 일단 끄적이게 하라.

처음부터 멋지게, 완결된, 심지어 구성된 글을 써야한다는 압박 속에 놓인다면 아이들 아닌 성인들도 백지공포증에 시달리게 될 것이다. 심지어 글쓰기는 재미없고 두려운 일이 되고 말지도 모른다. 아무 말이나 좋다. 아무 글이나 좋다. 문장이 아니어도 좋다. 쓰고 싶은 것을 써라. 건네고 싶은 말을 건네라. 끄적이라. 아이와 함께 나도.

아이들이 어려워하면 대화체부터 시작하자. 문어체에 익숙하지 않은 아이들이 우선 글쓰기에 흥미를 붙이려면 구어를 마음껏 글로 쓰게 해야 한다. 문어체로 바꾸는 건 그 후라도 좋다.

필자가 운영하는 〈쓰기력 수업 〉의 수업 시간에도 마찬가지다. 수업마다 원고지에 한 편의 완결된 글을 쓰지만 '주인공에게 편지

쓰기', '등장 인물 인터뷰하기', '역사 속 청원서 써보기' 등 완결된 글이 아닌 쓰기를 꾸준히 해나간다. 원고지에 각 잡고 쓰라고 하면 제아무리 글솜씨 있는 아이라도 부담을 전혀 안 느낄 수 없지만 '그냥 써보자'라고 하면 그야말로 '그냥' 쓴다. 그냥 재밌게, 마음껏 쓰도록 내버려 두는 거다. 그리곤 그 메모를 함께 보며 "이건 이렇게 고치고 저건 저게 맞다"라고 바로 얘기해 주지 않는다. 그럼 어떻게 하냐고? 같이 킥킥대며 공감해 주는 거다. 첨삭은 그 다음 순서다.

그 재미난 기억을 딛고 아이는 계속해서 써나간다. 아무데나 여기 저기, 아무 말이나 하고 싶은 이야기를 마음껏 쓰게 하라.

*견문
모아 쓰기*

이제 막 쓰기와 친구가 된 아이가 쓰기와 더 친해지기 위해서는 생각을 모아야 한다. 그 시작은, 본 것을 모으는 〈견문 모으기〉이다.

반복되는 일상 속에서는 특별한 재능이 있지 않은 이상 같은 문장이 나오는 것이 당연하다. 자꾸만 새로운 환경에 처하고, 새로운 것을 보고, 그 견문을 모아 쓸 때 새로운 표현을, 문장을 쓸 수 있다. 여행도 좋고, 친지 방문도 좋고, 맛집에 찾아 가는 것도 좋고 워터파크라도 좋다. 필자는 어디든 일상의 루틴에서 벗어날 때 아이에게 작은 노트와 필기구를 꼭 챙기게 한다. 견문 모아 쓰는 습관을 만들어 주기 위해서다.

그렇다면 어떻게 아이와 견문을 모아 쓰는 걸까?

〈아이와 견문 모아 쓰기〉

1. 보이는 것을 적게 한다.

2. 보이는 것이 자신의 눈에 어떻게 보이는 지 느낌을 적게 한다.

3. 보이는 것이 무엇인지 아이에게 객관적 팩트를 말해준다.

4. 아이에게 팩트와 주관적 느낌을 섞어 적게 하되, 조사를 적확히 사용하여 문장 연결을 명확히 표현할 수 있게 한다.

5. 팩트와 주관적 느낌을 섞어 말하게 하되, 생각전환을 시도한다.

* 생각전환의 예) (묘사를 하다가 →관련 주장을 써본다.
　　　　　　　 주관적인 감정을 쓰다가 → 사회 문제와 연관하여 써보게 한다.)

　끄적이기 좋아하는 필자의 아이는 견문 모아 쓰는 것을 큰 기쁨으로 여겼다. 심지어 맛 집에 갈 때는 메뉴와 가격을 쓰기도 했고, 맛과 그날의 감상을 함께 적기도 했다. "글 같은 글은 안 쓰고 쓸데없는 걸 쓴다."고 절대 타박하지 말라. '메밀국수, 수육, 탕수육, 리조또...' 이런 단어를 이때가 아니면 아이들이 언제 써보겠는가? 더구나 먹은 것을 쓰는 일은 '오감을 자극하는 글쓰기'로서 더없이 훌륭한 쓰기력 수업이 된다.

103

사실 〈견문 모으기〉보다 중요한 것이 자신의 〈감정 모으기〉이다. 감정 쓰기가 제대로 이뤄지지 않으면 아무리 좋은 것을 듣고, 본다 해도 통찰력을 가질 수 없다. 그 어떤 쓰기보다 앞선 것이 자신의 감정 쓰기이다. 감정쓰기는 자신의 마음을 들여다보는 수단이자, 표현하는 수단이고, 자아를 발견하고 치유하는 일이기도 하다. 아이의 마음이 궁금하다면, 가장 정확하고도 쉬운 방법이 글을 쓰게 하고 그 글을 보는 것이다. 건강한 아이는 본능적으로 글에 자신의 마음을 털어놓게 되어 있다. 반대로 솔직히 쓰지 못한다는 것은 건강하지 못한 부분이 있다는 방증이다. 이를 알고 치유해주어야 하는데, 이 또한 '쓰기'로 해결할 수 있다. 마음의 멍들은 '쓰는 행위'를 통해 치료되고 치유될 수 있다.

하지만 우리 안의 수많은 감정들은 표현되지 못한 채 잊혀져버리고 만다. 쓰는 습관을 가지지 못했기 때문이다. 감정을 솔직히 씀으로써 아이는 치유되고, 진정한 자아를 발견하고, 자존감과 감성지능이 높아질 수 있다. 그렇다면 어떻게 아이와 감정을 모아쓰는 걸까?

〈아이와 감정 모아 쓰기〉

1. 지금, 자신의 느낌을 한마디로 적게 한다.
2. 그 느낌이 생긴 이유를 적게 한다.
3. 자신의 느낌과 그 이유를 인과관계로 연결해 3문장 이상으로 쓰게 한다.
4. 지금과 같은 느낌이 들었던 또 다른 상황(과거)을 회상해 적게 한다.
5. 4가 긍정적 감정일 경우 그런 감정이 어떤 상황에서 또다시 들지 상상해 적게 한다.
6. 4가 부정적 감정일 경우 아이를 충분히 따뜻하게 위로해 준다. (쓰는 것만으로도 아이는 치유된다.)

감정 모아쓰기 가장 좋은 장소는 여행지이다. 여행지에서는 어른도, 아이들도 일상에서 벗어나 심장과 뇌가 더 열린 상태가 된다. 이 상태에서 털어놓는 감정, 그 감정을 글로 옮길 때 자신도 생각지 못한 표현이 툭툭 튀어나오곤 한다. 새로운 감정을 모아 써 본 경험은 아이 글의 지평을 넓힐 뿐 아니라 부정적인 감정을 치유해준다. 여기에서 말하는

'여행지'는 진짜 여행지만이 아니다. 일상에서, 생활 루틴에서, 학원에서 벗어나 머무는 모든 공간이 여행지이고, 그런 시간이 여행이다.

　엄마도, 아이도 아직 감정 모아쓰기에 자신이 없다면 먼저 마음책 만들기 놀이를 해보자.

우리만의 마음책 만들기 놀이

1. 종이를 카드 크기로 잘라 준비한다.

2. 아이와 이야기를 통해 그날의 '감정 주제'를 결정한다.
   예) 보고 싶다 / 고맙다 / 그립다 / 쓸쓸하다 등

3. '감정 주제'의 정의를 엄마가 먼저 위쪽에 적는다.

4. 아이에게 종이를 넘겨 아이가 생각하는 '감정 주제'의 정의를 자유롭게 적게 한다.
   예)〈보고 싶다〉
   통이- 엄마가 집에 없을 때 허전하고 얼굴이 자꾸 떠오르는 것
   엄마- 통이가 학교에 갔을 때 언제 오나 기다리는 것

5. 감정카드를 모아 고리로 연결하여 우리만의 마음책을 만든다.

"아이의 끄적임 속에
아이의 행복이 있고, 상처가 있고, 치유가 있다.
가만히 들여다보면 아이가 말을 건네 온다."

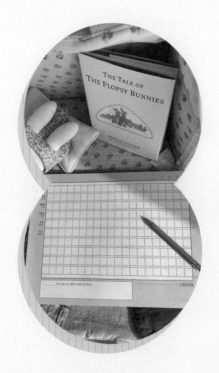

TITLE:

쓰기력은 이야기다

66

글쓰기는 누구에게도 할 수 없는 말을
아무에게도 하지 않으면서
동시에 모두에게 하는 행위다.
/

베카 솔닛

99

NO. 01

쓰기력은 이야기다

쓰기 습관
제대로 기르기

"나는 매일 글을 쓴다."

"나는 매일 글을 쓴다.
그것이 내가 좋은 문장을 쓰는 유일한 방법이다."

『어니스트 헤밍웨이』

유,초등학생부터 성인들까지 다양한 연령대의 쓰기러들에게 쓰기를 가르치다보면 가장 가르치기 어려운 연령대는 단연 성인들이다. 왜일까? 머리가 굳어서 학습 속도가 느리기 때문에? 이미 글 쓰는 스타일이 정해져 있어서? 그런 영향이 있을 수는 있겠지만 절대적인 원인은 아니다. 성인들의 쓰기력이 향상되기 어려운 이유는 나쁜 쓰기 습관이 많기 때문이다. 필자가 운영하는 〈쓰기력 수업 ▣ 〉에서 처음 만난 아이들을 대할 때 가장 신경 쓰는 부분 역시 이점이다. '나쁜 쓰기 습관이 많은가? 적은가?' 글을 써본 경험이 있으나 나쁜 쓰기 습관이 붙어 있는 아이보다는 글을 아예 안 써본 친구가 가르치는 입장에서 수월하다. 그러니 엄마표 쓰기력 수업을 앞두고 있는 여러분들은

'우리 아이는 글쓰기를 안 해봤는데...' 라는 우려는 던져버리길 바란다.

그렇다면 '나쁜 쓰기 습관'이란 무엇일까? 물론 아주 다양하다. 그 중 우리 아이들, 그리고 성인들 공히 가장 많이 발견되는 문제를 꼽으라면 비문(非文)과 문장의 호응이다. 여러 가지 비문을 쓰는 습관과 문장의 호응을 제대로 맞추지 못하는 습관이 굳어지면 수업을 통해, 첨삭을 통해 교정이 되긴 하지만 시간이 오래 걸린다.

다행스럽게 교정의 기회를 얻게 된 아이들은 쓰기를 즐기는 문장가로 살아가게 되겠지만 그렇지 못한 아이들은 평생을 두고 쓰기에 어려움을 겪거나 업무에 사용되는 쓰기를 잘 해내지 못할 가능성이 크다. 그래서 좋은 쓰기 습관은 '애초부터' 길러야 한다.

그렇다면 어떻게 하면 바른 쓰기 습관을 기를 수 있을까?

쓰기 습관 제대로 기르기

원고지에 써야하는 이유

비문은 습관이다

감정 논리로 쓰는 연습
- 5줄 일기쓰기

원고지에
써야하는 이유

　이 습관 하나만으로도 사실상 쓰기력은 시간이 흐르면서 자연스레 향상된다고 자신 있게 말하고 싶다. 한글을 이제 막 뗀 아이든, 논술고사를 준비하는 수험생이든 심지어 자기소개서 쓰기가 막막한 취업준비생들까지도 무조건 원고지에 써라. 원고지에 써야하는 이유는 열 가지도 넘지만 대표적인 효과 몇 가지를 소개하려 한다.

원고지에 써야하는 이유

1. 자형을 바로잡을 수 있다.　　2. 분량을 가늠할 수 있다.

3. 구성을 용이하게 할 수 있다.　　4. 띄어쓰기, 맞춤법을 고쳐나갈 수 있다.

5. 완결된 글을 썼다는 자신감을 가질 수 있다.

1) 자형을 바로 잡을 수 있다

원고지에 글을 쓴다? 처음에는 발가벗겨지는 느낌이 든다. 네모반듯한 칸에 들어간 내 글자들은 마치 쇼윈도에 전시된 옷 마냥 한 글자 한 글자 도드라진다. 마치 옷으로는 감추어지지 않는 살들 마냥 단점이 툭툭 튀어나오고 만다. 그런 못난 모습들을 확인할 때, 아이든 성인이든 스스로 글자들을 다듬어 쓰게 마련이다. 실제로 필자가 운영하는 〈쓰기력 수업〉에서 원고지 수업을 처음 시작하는 아이들의 가장 빠른 변화는 '자형 고치기'이다. 몇 년을 노력해도 쉬이 되지 않던 자형 수정이 원고지에 쓰는 것만으로도 빠른 시일 내에 이뤄질 수 있다.

2) 분량을 가늠할 수 있다

'원고지 00자 이내로 작성하시오.' 논술 고사, 수행 평가, 각종 쓰기 대회에서 문제의 마지막은 바로 저런 문구이다. 경험이 없다면 막막할 수밖에 없는 미션이다. 모든 원고지에는 자수가 표기되어 있다. 200자 원고지 한 장은 제목과 소속, 이름 등을 쓰고 나면 사실 몇 줄 남지도 않는다. 진짜 글은 두 번 째 장 부터이다. 처음에는 두 장, 세 장, 후에는 네 장, 다섯 장까지 채우게 되면 무려 1000자 분량의 글을 쓰게 되는 것이다. 그리고 하루 이틀 원고지에 쓰다보면 저도 모르는 새, 부지불식간에 분량을 조절하며 쓰는 요령을 터득하게 된다.

3) 구성을 용이하게 할 수 있다

분량을 가늠한다는 건 단순히 자수를 채운다는 뜻만이 아니다. 내가 세운 글의 뼈대, 즉 구성에 대한 분량 할당을 용이하게 할 수 있다는 뜻이기도 하다. 가령 1000자 짜리 논술을 쓴다고 했을 때(특히 논술 고사에서는) 구성 단계에서 이미 분량 배분을 자수 단위로 해 놓고 시작해야 시간에 쫓기지 않을 수 있는데 이때 원고지에 쓰는 습관이 되어 있으면 자연히 분량이 계산되기에 내가 세운 구성 뼈대대로 흔들림 없이 글을 써 내려갈 수 있게 되는 것이다.

4) 띄어쓰기, 맞춤법을 고쳐나갈 수 있다.

필자가 운영 중인 〈쓰기력 수업〉에서 초등 중학년 이상 아이들은 첫 수업에서 대부분 자신만만하게 원고지를 받아든다. 하지만 이내 당황하고 만다. 의외로 띄어쓰기와 맞춤법에서 확신을 갖지 못하는 자신을 발견하게 되기 때문이다. 고개를 갸우뚱하며 쓴 그 아이들의 글을 받아 보면 실제로 띄어쓰기와 맞춤법에 상당 수의 오류를 발견하곤 한다. 왜일까?

다닥다닥 붙은 자간 속에 애매하게 띄어진 글씨들, 좁은 칸에 욱여넣은 글자 속에 숨은 틀린 글자들이, 글자마다 온전한 한 칸씩의 공간을 차지한 원고지로 들어갔을 때 그 오류가 더 명확하게 민낯을 드러내기 때문이다.

여기에서도 또 한 번 〈쓰기력 수업〉을 일찍 시작해야 한다는 것이 증명된다. 어릴수록 띄어쓰기, 맞춤법을 빨리 고치고 나이가 많을수록 쉬이 고치지 못한다.

5) 완결된 글을 썼다는 자신감을 가질 수 있다.

처음 〈쓰기력 수업〉에서 만난 아이들에게 필자는 교재와 함께 아이들을 위해 제작한 특별한 원고지를 준다. 원고지를 받아든 아이들의 반응은 어떨까? "쓰기 어려울 것 같아요. 부담스러워요."일까? 단한 명도 그런 아이들은 없었다. 대부분의 아이들은 이렇게 반응했다. "써보고 싶어요." "작가가 된 것 같아요."

그렇다. 원고지는 성인들에게나 아이들에게나 어떠한 특별한 자부심에 젖게 한다. 왜일까? 원고지가 오랜 역사를 가진 물건이어서 그렇고, 이제는 흔히 사용하지 않아서 그렇다. 오래된 물건을 쓴다는 것은 살아보지 못한 세월을 체험해보는 묘한 희열을 준다.

이제는 국가의 보물로 지정된 최초의 한국어 사전 『말모이』이라는 책이 있다. 이 책은 '최초의 한국어 사전'이라는 의미 외에도 특별한 가치를 가졌는데 바로 국내에서 인쇄된 최초의 원고지였다는 점이다. 『말모이』 사전에 사용된 이래 많은 작가들, 기자들, 저술가들의 사랑을 받아온 원고지는 이런 오랜 '쓰기력'의 내공이 배어 있는 특별한 종이이다. 놀랍게도 아이들은 대부분이 그 특별한 정취를 느끼고 귀한 성취감을 느끼는 듯하다. 왜일까?

원고지 쓰기는 제목과 나의 소속, 이름을 쓰는 일로 시작한다. 그냥 늘 쓰던 노트에 쓰는 글이 아닌 '내 이름을 걸고 쓰는 글'은 아이들에게 어떠한 책임감을 느끼게 하고, 자세를 고쳐 앉아 '제대로 한 번 써보자.'는 다짐을 안겨 주는 것이다.

첫장에 글의 장르와 제목, 소속과 이름까지 썼다면 남는 분량은 불과 원고지의 절반 정도이다. 쉽게 말해 너덧 줄만 쓰면 원고지 한 장을 채울 수 있는 것이다. 그래서 처음 글쓰기를 접하는 아이들도 원고지 3장 정도는 어렵지 않게 써 낼 수 있다. '원고지 00장을 썼어'라는 건 아이들에게 생각보다 큰 성취감을 제공한다. 필자가 〈쓰기력 수업〉에서 가르쳐 온 대부분의 아이들은 자신이 쓸 수 있는 원고지의 장수를 늘려가고 싶어 한다. 작은 성취가 자신감을 심어주고, 소소한 자신감이 자존감을 높여준다.

원고지 쓰는 법, 이것만 기억하자

1. 소개 부분 쓰기

: 제목은 가운데에, 소속과 이름은 끝에서 한 칸, 혹은 두 칸을 떼고 쓴다.

		교	과	서		여	행	을		다	녀	와	서			
										소	울	초	등	학	교	
					1	학	년		7	반		조	현	영		

2. 문단 바꾸어 쓰기

: 문단이 바뀌면 첫 칸은 떼고 쓴다.

뜻		승	낙	했	다	.												
	첫		여	행	지	는		군	산	이	었	다	.		정	말		좋	았	다	.

3. 문장 부호 쓰기

: 마침표와 쉼표 뒤에는 한 칸을 떼지 않고, 물음표와 느낌표 다음에는 한 칸을 뗀다. (작은 부호는 떼지 않고, 큰 부호는 뗀다고 기억하면 쉽다.)

	교	과	서	에	서		보	던		곳	에		간	다	?		그		사
실	에		나	는		설	레	었	고	,		무	엇	보	다		엄	마	와

4. 문장 부호 칸 바깥에 쓰기

: 원고지의 마지막 칸에서 문장이 끝났다면 문장부호는 원고지 바깥에 쓴다. (모든 문장 부호 동일)

	첫		여	행	지	는		군	산	이	었	다	.		정	말		좋	았	다	.
군	산	이	라	니	…	…	.		사	진		한		장	을		보	았	었	다	.

레시피 2

비문은
습관이다

앞서도 이야기했듯, 아이들, 성인들 공히 '쓰기력'의 강적은 비문이다.

비문(非文): 문법에 맞지 않는 문장

비문이 강적인 이유는 고치기 어렵기 때문이다. 어렸을 때부터 부지불식간에 써온 비문은 습관이 되고 습관은 내재화된 지식을 왜곡해 '틀림'을 인식하지 못하게 한다. 틀렸다는 것을 알면 고칠 수 있다. 하지만 틀린 것을 알지 못하면 당연히 고칠 수가 없다. 즉, 글쓰기 첫걸음을 뗄 때부터 철저히 비문을 고쳐가며 써야한다는 이야기다. 아이들의 글쓰기에 대한 책들을 읽다보면 '아이들의 글을 첨삭하지 마라', '아이들의 글에 칼질하지 마라' 등의 문구를 어렵지 않게 발견할 수 있다.

결론부터 이야기하면 아이들의 글은 반드시 첨삭해야 한다. 단, 그 첨삭은 철저히 아이들의 상상이나, 주장, 생각을 망치지 않고 비문을 수정하는 방향이어야 한다. 비문을 수정해 주지 않으면 평생 비문을 쓰는 성인으로 성장하게 된다. 실제로 〈쓰기력 수업 ▦〉에서 아이들을 가르치다보면 학업 성취도가 최상위급인 아이들조차 비문을 쓰지 않고 어법에 맞는 글을 써내는 경우는 상당히 드물다. 아니, 오히려 학업성취도가 높은 아이일수록 비문을 쓸 확률이 높아진다. 복잡한 의미를 전달하고자 하지만 그를 표현해 낼 쓰기력이 부족하기 때문이다.

"과학의 가장 큰 쓸모는 역시 인류의 발전이다."

이 문장은 학업 성취도가 최상위급인 초등 5학년 아이가 쓴 문장이다. 작의를 파악해보면 '과학이 가장 큰 역할을 한 부분은 인류의 발전이라는 면에서이다.' 정도의 의미를 전달하고 싶었을 것이다. 쓰고자 했던 문장은 자신의 통찰이 담겨 있는 좋은 의미의 문장이었다. 다만, 그 의미를 전달하려다보니 비문이 되고 말았다.

"자신감과 같이 거의 대부분은 상대적으로 쓸모가 다릅니다."

또 하나의 문장을 살펴보자. 이 문장은 역시 성취도가 최상급인 초등 4학년 아이가 쓴 문장이다. 이 친구는 '거의 대부분의 가치가 상대적으로 쓸모가 다르듯, 자신감 역시 그렇다.' 정도의 작의를 가지고 썼을 것이다. 하지만 역시 제대로 표현되지 못한 채 비문이 되고 말았다.

아무리 좋은 생각도 비문으로 표현될 때는 그 빛을 발하지 못한다. '작법'이라는 관점에서만 본다면 오히려 단순한 의미를 바르게 쓴 것보다 낮은 점수를 받을 수밖에 없다.

아이들의 글에 어법이 틀린 부분이 없는지 세심히 살피고 그때그때 고치는 습관을 들이도록 해야 한다. 엄마가 주도해야하고, 아이가 따라와야 하며 이 시간이 일상 속에 스며 들도록 반복해야 한다. 오늘부터 눈에 불을 켜고 보라. 내 아이의 글이 비문인지 아닌지를.

감정 논리로 쓰는 연습
- 5줄 일기쓰기

아이들이 태어나서 가장 먼저 쓰는 줄글은 무엇일까? 70% 넘는 확률로 일기일 것이다. 일기만 제대로 써도 탄탄한 쓰기력을 가질 수 있다. 그런데 문제는 '제대로' 쓰지 않는다는 점이다. 아이들 일기의 마지막 줄의 8할은 '기뻤다. 슬펐다. 기분이 좋았다.' 등의 단편적인 감정이다. 매일 이런 일기를 쓰는 것이 '쓰기력'에 도움이 될까? 물론 된다. 그날 있었던 일을 쓰는 것만으로도 물론 쓰는 행위가 익숙해지고 편안해지는 정도의 효과는 있다. 하지만 앞서 언급한 것처럼 비문을 고쳐나가지 않으면 사실상 쓰기력 향상은 기대하기 어렵다.

감정쓰기도 마찬가지이다. 논술, 설명문을 제외하고 세상의 모든 글은 에세이이다. 즉, 자신의 생각과 느낌을 전달해야 한다는 얘기다.

자신의 감정은 그냥 솔직하게 쓰면 전달이 잘 되는 걸까? 진솔하게만 쓰면 좋은 글이 될 수 있는 걸까?

감정에도 논리가 있다. 논술에서의 논리도 이 감정 논리에 기반해 뼈대를 세워나가야 설득력을 갖추게 된다. 그렇다면 '감정 논리'란 무엇일까? 어떤 것을 보거나 어떤 일을 겪은 후 느끼게 된 감정을 '보편적인 감정의 잣대 위에서 기술하는 것'이다. 그것이 감정의 논리이다. 자신만의 특별한 감정을 쓰기에 앞서 누구나 느끼는 보편적 희로애락을 내가 겪은 일에 적용해 쓸 수 있어야 한다. 이 연습이 된 후라야 자신만의 특별한 감정도 설득력 있게 써내려갈 수 있고, 자신의 주장도 펼칠 수 있게 된다.

세련된 문장은 최소한의 접속사로 연결된 문장이지만 아이들의 글쓰기에서는 적절한 접속사를 많이 사용해도 좋다. 특히 인과관계를 나타내는 접속사를 많이 사용해 글쓰기를 하다보면 글의 논리를 세워나가기 쉽다.

감정을 논리적으로 쓰기 위해 아이가 5줄 일기쓰기를 하도록 이끌어보자. 이때, 주의할 점은 엄마도 같이 써야 한다는 것이다. 부모가 함께 할 때 아이는 그 행위를 강요에 의한 공부가 아니라, 실생활에 필요한 '일상'으로 인식하고 거부감 없이 받아들이며 흥미를 느끼게 될 가능성이 크다.

아이와 5줄 일기 쓰기

1. 언제 어디에서 무엇을 했다.

2. 구체적으로 어떤 일이 생겼는데

3. 어떤 생각이 들었고

4. 어떤 감정을 느꼈다.(생각과 감정 분리)

5. 앞으로는 어떻게 하겠다. 혹은 어떻게 되었으면 좋겠다.

NO. *02*

쓰기력은 이야기다

쓰기력은
스토리텔링이다

"사피엔스의 슈퍼파워는"

"사피엔스의 슈퍼파워는
존재하지 않는 무언가를 꾸려내는 능력,
상상 속 이야기를 꾸며서 말하는 능력이야."

『멈출 수 없는 우리/유발 하라리』

REMINDERS

If you appear to be asleep, we will interrupt you to do a wellness check.

Do not move furniture.

You may have non-alcoholic covered beverages.

You may eat food brought from outside of the library in the McKim Courtyard, or at the lobby tables directly outside the Newsfeed Café.

우리네 사피엔스가 네안데르탈인, 플로레스인 등 다른 인류의 종을 멸종시키고 최후이자 유일의 종으로 살아남은 비결은 무엇이었을까? 사피엔스를 슈퍼사피엔스로 만든 슈퍼파워는 바로 '이야기를 만드는 능력'이었다. 이 능력으로 사피엔스는 위대한 이야기 '신화'를 만들어 냈고, 이 위대한 이야기를 함께 믿으며 고난을 이겨내고 야망을 키워가고, 전쟁을 치러내며 지금의 위대하고도 잔혹한 문명을 이루었다.

사피엔스의 슈퍼파워 스토리텔링은 글쓰기에서 뿐만 아니라 사실상 모든 분야에서 적용되고 있다. 심지어 육아에도 유용하게 활용할 수 있다. 인공지능 연구 분야의 살아있는 전설 토마소 포지오는 그의 아이 알레그라에게 스토리텔링 육아를 했는데, 교육학에서는 이런 기법을 '사회 상황 이야기(Social Story)'라고 부른다. 아이가 예측할 수 없는 새로운 환경에서 불안해 할 때, 어떤 상황이고 앞으로 어떻게 행동하면 되는지 이야기를 통해 알려주는 방법이다. 쉽게 말해 시뮬레이션을 해보는 거다. 이 놀이 같은 기술을 그대로 글로 옮기면, 그것이 많은 책에서 이야기하는 스토리텔링 글쓰기가 된다.

아이의 상상의 나래는 어디까지든 갔다 올 수 있다. 지구 끝까지, 저 멀리 소행성까지, 생명체가 살고 있을지 모를 화성까지...

글은, 아니 모든 콘텐츠는 결국 이야기이며 사람들은 끊임없이 재미있는 이야기를 듣고 싶어 한다. 할머니의 품에 누워 옛 이야기를 들려 달라 조르던 유아기 때의 탐험 욕망은 사실 평생 이어진다.

쓰기력은 스토리텔링이다

레시피1

스토리텔링 쓰기 (+반전 토핑)

레시피2

문장 릴레이

레시피3

세련된 '조사' 한 스푼

스토리텔링 쓰기
(+반전 토핑)

　스토리텔링의 핵심은 두 가지이다. 스토리와 궁금증. 스토리란 말 그대로 '이야기'이다. 단순히 무언가를 설명하거나 단편적인 주장을 펴는 것이 아닌 이야기를 만드는 것이다. 이야기는 '4줄 스토리텔링'으로 어렵지 않게 만들어 볼 수 있다.

　쓰는 것이 아니라 친한 친구나 부모님에게 이야기를 들려준다는 생각으로 쓰면 된다. 이 단계에서 주의할 점은 글을 유려하게 쓰거나 멋진 표현을 쓰는 것이 아닌, 궁금증을 해결해가며 쓰는 것이다. 어떤 장르의 글이라도 궁금증을 해결하지 못한 채 의문점을 남기는 글은 좋은 글이 될 수 없다.

　1줄)에서는 언제, 어디에서 무슨 일이 있었는지를 소개하며 자신의

〈4줄 스토리텔링〉

1줄)

배경 소개, 있었던 일 소개

(언제, 어디서 무슨 일이 있었어.)

2줄)

사건이 진행된 경과 소개

(그 일이 이렇게 진행되었어.)

+왜 그랬냐하면 00으니까)

3줄)

사건에서 가장 재미있었던 부분 소개

(근데 글쎄 이렇게 되었지 뭐야. ←반전 토핑)

4줄)

결말 및 자신의 생각

(그래서 ○○생각이 들었어.)

이야기를 펼쳐 놓는다. 2줄)에서는 그 사건이 진행된 경과, 과정을 소개한다. 이때에도 읽는 이들에게 궁금증을 남기지 않도록 사건과 사건 간 인과 관계를 풀어놓는 연습을 해본다. 3줄)은 짧은 이야기의 절정을 이루는 부분인데 이 부분에서는 반전을 도모하는 연습을 해보자. 여기에서 말하는 반전이라는 건 소름끼치는 반전을 의미하는 것이 아니다. 그날 있었던 일, 쓰고자 하는 사건 중 가장 재미있는 부분을 약간의 분위기 환기와 함께 쓰면 된다. '그런데 그렇게 되고 말았다' 거나 '그럴 줄 알았는데 그렇지 않았다' 거나 '의외의 부분이 재미있었다'는 정도의 틀어보기 만으로도 그 글은 충분히 재미있는 글이 된다. 이렇게 뻔한 이야기가 아닌 약간의 틀어보기, 자신만의 인사이트가 통찰력을 만들어 간다.

4줄)에서는 그 이야기의 결말, 그리고 자신의 생각을 적는다. 역시 단순히 '즐거웠다. 행복했다'는 사적인 감상이 아닌 그렇게 생각한 근거, 그런 느낌이 들었던 이유를 적는 습관을 들여 보자. 이렇게 씀으로써 궁금증을 남기지 않는 친절한 글을 쓸 수 있을 뿐만 아니라 동시에 자신의 마음을 들여다보는 효과도 얻을 수 있다. 이는 앞서 기술한 '감정의 논리'와도 상통한다.

〈실제 초등1학년 아이가 쓴 스토리텔링 4줄 쓰기〉

1줄)

담양에 도착해 차창 밖을 내다보니 어떤 꽃이 보였다.

2줄)

나는 아빠에게 꽃 이름을 물었다가 깜짝 놀랐다.

3줄)

아빠의 대답은 그 꽃이, 꽃이 아니라는 것이었다.

4줄)

그건 홍단풍이라고 하는 나무라고 했다.
꽃보다 예쁜 나무가 있다는 걸 처음 알았다.

문장
릴레이

자, 이제 이야기 만드는 연습을 했다면 나의 스토리를 '문장'이라는 주머니 안에 잘 정돈할 차례다.

문장은 크게 단문, 중문, 복문으로 나뉜다. 주어와 술어가 하나만 있는 문장이 단문이다. 중문은 단문을 두 개 이은 것인데 쉽게 말해 두 단문이 대등한 경우이다. 반면 앞 문장과 뒷 문장이 어떠한 연관 관계를 가지고 서로 얽히어 있을 때 복문이라고 한다.

1. 단문: 유진이가 공부한다.

　　　주어　　서술어

2. 중문: 유진이는 공부하고 지율이는 논다.

    주어   서술어   주어   서술어

3. 복문: 동생이 잠들어서 지율이가 공부했다.

    주어   서술어   주어   서술어

그렇다면 단문이 좋은 문장일까? 복문이 좋은 문장일까? 필요에 따라 적절히 쓴 문장이 좋은 문장이다. 단문으로 간략하고 강하게 표현해줘야 할 부분에서는 단문을, 다소 복합적인 상황이나 감정을 표현해 내야 할 때는 복문을 써야 한다.

하지만 확실한 것은 단문-중문-복문의 형태로 각각 연습하고, 각각에 익숙해져 한다는 점이다.

필자가 운영하는 〈쓰기력 수업 ▦〉에서 아이들과 수업을 하다보면 학업 성취도가 우수하고 독서량이 많은 아이일수록 복문을 많이 시도하는 경향이 있다. 많은 배경지식을 활용하고, 표현하고 싶어 하고 생각 또한 단순하지 않기 때문이다.

하지만 앞서 얘기했듯, 학업 성취도가 높은 아이들이 비문(非文)을 쓸 확률이 더 높다. 표현하고 싶은 말은 맴돌고, 단순치가 않은데 이를 표현해 낼 쓰기력이 부족하기 때문이다.

단문, 복문 중에 더 좋은 문장이 없다고 했지만 당연히 복문을 틀리지 않고 써낼 때, 하고자 하는 말을 양껏 표현할 수 있고 유려한 문장이 될 수 있다.

하지만 독서량이 많다고 해서, 학업 성취도가 높다고 해서 처음부터 자신의 생각을 멋드러진 복문으로 표현해 낼 수는 없다.

복문이 비문이 되는 이유는 다양하다. 주어와 술어, 목적어가 엉켜 꼬이는 경우, 적확한 어휘를 사용하지 못하는 경우, 같은 술어가 여러 개의 주어나 목적어와 호응하는 경우, 주술호응이 잘못 된 경우 등 여러 이유가 있다.

이럴 때는 틀린 복문을 고쳐서 다시 쓰려는 노력과 함께, 이 문장을 여러 개의 단문으로 풀어 쓰는 연습이 필요하다.

처음부터 의욕이 앞서 폼 나는 복문을 쓸 필요는 없다. 단문 여러 개를 제대로 연결하는 연습부터 하자. 그러다보면 적절한 조사 사용에 대한 훈련이 저절로 될 뿐 아니라 적확한 어휘 고르기도 더 쉬워진다. 명확하고 정확한 단문을 쉬이 쓸 수 있게 되면 자연히 그 쓰기력이 복문 쓰기로 옮아가게 된다.

세련된 조사
한 스푼

앞서 단문 여러 개를 제대로 연결해야 복문을 쓸 수 있다고 했는데 그렇다면 단문을 어떻게 하면 제대로 연결할 수 있을까? 적확한 조사로 풀을 붙여주는 거다. 조사에는 문법적 관계를 표시해주는 격조사와, 뜻을 더해주는 보조사가 있다.

"나는 새봄이가 좋다. 도훈이도 좋다."

이 문장에서 '가'가 격조사이고 '도'가 보조사이다. '도'는 '가'와 다르게 '또한, 역시' 라는 뜻을 더해주고 있다.

격조사에는 '이/가' 등의 주격 조사, '을/를' 등의 목적격 조사, '의' 등의 관형격 조사와 '에' 등의 부사격 조사가 있다. 각 조사들이 문장의 문법적 요건을 완성시키며 문장을 이룬다.

그렇다면 보조사는 어떨까? 비슷한 의미를 담고 있는데 이상하게 재미있게 읽히는, 흔히 말하는 맛깔난 글이 있다. 여러 가지 요인이 있겠지만 보조사라는 양념이 쳐진 글일 가능성이 높다. 보조사들은 미묘한 뉘앙스를 지니고 있어 표현의 정확도를 높여주기 때문이다. 최소 아래에 언급한 8가지 보조사의 사용법만 익혀 놓아도 쓰기력에 상당한 도움을 받을 수 있다.

아래 사용된 보조사들은 각각 격조사와 달리 문장에 미묘한 뜻을 더하여 주고 있다.

는: 다른 사람은 몰라도 그는 그렇지 않다.

도: 다른 사람들과 같이 그도 그렇게 생각한다.

야: 다른 사람들이야 그렇겠지만 그는 그래서는 안 된다.

나: 남편이나 되어서는 다른 사람들처럼 행동해서는 안 된다.

까지: 다른 사람들은 모르겠지만 그까지 왜 그런지 모르겠다.

조차: 그조차 그렇게 반응한다면 어떡하지?

마저: 그마저 내게 그런 반응을 보이다니...

위 문장들에 주어와 술어를 바꾸어가며 보조사 사용하는 연습을 해보자. 적절한 보조사 한 스푼이 몰라보게 유려한 글을 만든다.

"글이 잘 쓰일 때면 모든 것을 잊고 몰입했다.
결핍도 근심도 좋지 않은 날씨도 의식하지 않고 상상 세계 속에
안전하고 행복하게 들어앉아 상상 친구들과의 삶을 즐기며 희열을 느꼈다.
그럴 때면 잠도 오지 않고 식욕도 동하지 않았다.
그렇게 행복한 몰입의 순간이 찾아올 때면 밤낮이 짧게 느껴졌고,
결실을 맺지 못해도 매 시간이 너무나 소중했다."

『작은아씨들/루이자 메이 올컷』

"이야기의 세계에서 천국을 경험한 아이는
나만의 천국을 만들며 살아갈 수 있다."

통합교과 쓰기력 수업

"

역사는 글쓰기를 통해 반추되고
글쓰기는 역사를 통해 성찰된다.

/

애드워드 모건 포스터

"

의사 <u>드소토 선생님</u>

통합교과 쓰기력 수업

교과연계
쓰기력

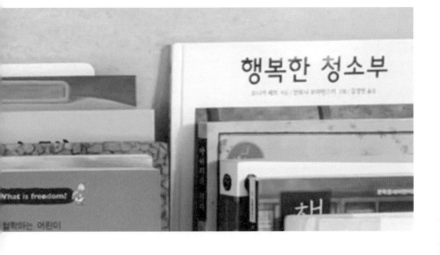

"학업에서 성공하는 데..."

"독서는 인간의 사고를 구조화하고,
문제를 해결하는 능력을 발달시키며,
학업에서 성공하는 데 중요한 도구가 된다. "

『교육심리학자/데이비드 올슨』

이야기 만드는 것이 즐거워진 아이들은 이제 쓰기의 천국에서 마음껏 유영하면 된다. 그 자체만으로도 아이의 자존감, 공부 정서, 문해력, 작문력이 향상되어 자연히 학업 성취도가 높아진다. 하지만 그 쓰기력이 좀 더 직접적이고, 강력하게 학습에 필요한 쓰기에 도움이 되고, 입시 논술까지 이어지도록 이끄는 것이 〈쓰기력 수업〉의 목표 중 하나이다. (그리하여 궁극적으로 꿈을 이루고, 유지하는 데에 유용한 기술이 되기를 희망한다.) 그래서 필자가 운영 중인 〈쓰기력 수업▩〉에서 힘주어 가다듬는 부분이 바로 학습과의 연계성이다.

필자는 아이들과 부모님들께 늘 이렇게 얘기한다. "쓰기력은 입시와 꿈을 잇는 다리가 되어 줄 것"이라고. 그 다리는 대게 아주 길거나

중간에 끊어지지만 노력에 따라 짧고, 건너기 쉬운 다리가 될 수도 있다고. 필자가 오랜 시간에 걸쳐 구축해 온 〈통합교과 쓰기력 수업〉에서는 그 다리가 최대한 짧아질 수 있도록 다양한 분야의 쓰기력 수업이 진행된다.

시작은 교과서다. 교과서엔 이른바 '문제집'만 기계적으로 풀고 내다버리기엔 아까운 작품들이 담겨 있다. 거기에서 시작하는 거다. 그 다리에 당장 발을 내딛자.

레시피1

교과서 지문 함정 탈출

레시피2

통합 교과 넘나들기

레시피3

통합 교과 쓰기력 수업

교과서는 왜 재미없을까? 의무적으로 공부해야 해서? 학교에서 배우는 것이니까? 아니다. 앞서 누누이 힘주어 말한 '이야기'가 아니기 때문이다. '이야기가 그렇게 많은데 이야기가 없다고?' 라고 생각할 테지만 이야기가 없다.

지문이 길지 않기 때문이다. 중, 고등 교과서에는 더러 전문이 수록된 작품도 있지만 저학년 교과서일수록 지문이 짧게 수록되어 있고, 아이들은 그 짧은 지문과 씨름해야 한다. 그래서 지문을 푸는 대상으로 바라볼 뿐, 전체 작품을 알 길이 없다. 즉, 코끼리가 얼마나 귀엽게 생겼는지 알지 못한 채 다리만 만지다 '거칠거칠하네. 무섭다' 하고 끝난다는 얘기다. 작품 전체를 본다면 교과서에는 재미있는 이야기들이 넘쳐난다. 이렇게나 말이다.

초등, 중등 교과서 속 통합교과 쓰기력 작품들

학령	작품	연계 교과
초등 저학년 (1,2학년)	· 수박씨(최명란) · 치과의사 드소토선생님 (윌리엄 스타이그) · 작은집 이야기(버지니아 리 버튼) · 리디아의 정원(사라스튜어트)	국어, 사회, 역사
초등 중학년 (3,4학년)	· 프린들주세요 (앤드루 클레먼츠) · 자유가 뭐예요? (오스카 브르니피에) · 진짜 투명인간(레미 쿠르종) · 고래를 그리는 아이(윤수천) · 가끔씩 비오는 날(이가을) · 강아지똥(권정생) · 돼지책(앤서니 브라운) · 사라, 버스를 타다 (윌리엄 밀러)	국어, 사회, 역사 .
초등 고학년 (5,6학년)	· 초정리편지(배유안) · 책과노니는집(이영서) · 아버지의편지(정약용) · 행복한 청소부(모니카 페트) · 난중일기(이순신)	국어, 역사

처음부터 작품 전체로, 이야기 자체로 접했더라면 충분히 흥미롭고 감동적이었을 '책'들을 짤막짤막한 '지문'으로만 접하다보니 '공부'로 느껴지고 풀어내야 할 문제를 풀기 위해서만 읽어왔던 것이다. 작품 전체를 읽었다면 지문은 자연히 잘 읽히고 이해가 쏙쏙 될 수밖에 없다. 문제 풀이 또한 당연히 지문으로만 접할 때보다 쉽다.

하지만 이보다 더 중요한 점은 뇌에 '읽는 재미'와 '지적 호기심'의 DNA를 새겨가는 것이다. 'Out of sight out of mind '라는 격언이 있다. 이 말은 비단 사람과 사람의 관계에만 해당하는 것이 아니다. 책과 지식을 대할 대에도 그대로 적용된다. 읽지 않으면 더 이상 뒤가 궁금할 리 없다. 관련된 지식이 궁금할 리 없다. 무언가를 알지 못하면 뒷이야기가 궁금할 수 없다. 읽기는 꼬리를 물고 '호기심'이란 실을 뱉어내고, 그렇게 자신을 보호하는 누에처럼 아이들은 자신을 무장하게 된다. 평생을 두고 가장 큰 무기가 될 지식과 문해력으로.

어떻게 하면 될까? 오늘부터 157페이지에 소개한 책들이라도 하나하나 아이들에게 읽어주고, 본인도 읽고, 아이들 스스로도 읽게 하면 된다. 이 정도 책들이라면 아까워하지 않고 들여도 좋다. 평생을 두고 읽을 책들이니 말이다.

필자가 운영하는 〈쓰기력 수업 🔲〉에서는 학년을 불문하고 일주일에 한권의 책을 읽고, 한편의 완결된 글을 쓴다. 읽을 책을 제시했을 때 어떻게든 책을 사지 않으려 이 도서관, 저 도서관을 돌며 책을 구하다 끝끝내 시간만 보내고 읽지 못하고 오는 아이들이 간혹 있다. 아이들이 읽는 책은 성인들의 책보다 저렴한 경우가 많아 사실 커피 2잔 정도의 값이면 구매할 수 있는 책이 많다. 또한 '알라딘', '예스24' 등 중고서적을 온라인에서도 쉽게 구할 수 있는 인터넷 서점들도 있다.

그런 부모들께 나는 "책을 구입하세요."라고 말하지는 못한다. 하지만 이 책을 통해 감히 한마디 남기고 싶다. 한 달에 한번쯤은 커피값을 아껴 아이에게 책을 사 주시라고….

그렇다면 책을 읽고 나서 무얼, 어떻게 해야 하는 걸까? 통합교과를 넘나들며 아이와 자유롭게 이야기를 나누면 된다. 4학년 2학기 교과서에 수록된 작품 「사라 버스를 타다」를 예로 들어 이야기해보면, 이 작품은 미국 흑인 민권 운동의 촉발점이 된 '로사 팍스'의 실제 이야기를 바탕으로 한 책이다.

사라는 1950년대 미국 남부에 사는 흑인 소녀이다. 날마다 엄마와 함께 버스를 타고 학교에 가는 사라는 항상 뒷자리에만 앉아야한다. 앞자리에는 백인들만 앉을 수 있도록 법이 정하고 있기 때문이다.

하지만 사라는 그 법이 옳지 않다고 생각해 어느 날 뒷자리에서 일어나 앞으로 나아가 앞자리에 앉는다. 이 문제로 사라는 경찰서에까지 가게 되고 악법을 바꾸는 계기가 된 상징적 소녀가 된다.

이 책을 읽고 엄빠들이 아이들과 나누고 싶은 이야기는 무엇인가? 아마 누구나 '인권'이라 답할 것이다. 이렇게 엄빠들이 필요하다고 생각하는 대부분의 귀한 가치들은 사회 교과에서 다루고 있다.

〈흑인들의 인권〉

"나에게는 꿈이 있습니다.

내 아이들이 피부색이 아니라 인격으로 평가받는 나라에서 사는 꿈입니다. 나에게는 꿈이 있습니다.

흑인 어린이들이 백인 어린이들과 함께 마치 형제자매처럼 손을 맞잡을 수 있는 날이 올 것이라는 꿈입니다.

- 마틴 루서 킹

〈가난한 사람들의 인권〉

"세상에는 빵 한 조각이 없어서 죽어가는 사람보다 작은 사랑조차 받지 못해 죽어 가는 사람이 더 많습니다.

가난한 사람들에게 필요한 것은 동정이 아니라 사랑입니다. 그들은 다른 사람들이 존중받는 것을 느낄 필요가 있습니다. "

- 마더 테레사

- 초등 5학년 1학기 사회 2-1 중에서

~~~~~~

  실제로 필자가 운영하는 〈통합교과 쓰기력 수업〉에서는 많은 시간이 이러한 작품-교과의 연계 수업으로 채워지는데 엄빠표로도 충분히 할 수 있다. 아이들과 p157에 수록된 작품들을 읽고 아이들에게 들려주고 싶은 가치나 지식에 대해 조금만 서치를 통해 확인하거나 정리한 후 아이와 나누면 된다.

  몇 가지 예를 더 들어보면 초등 2학년 1학기 교과서 수록 도서인 「치과 의사 드소토 선생님」 안에는 '신뢰, 신의' 라는 도덕적 가치가 담겨 있고 역시 2학년 1학기 교과서 수록 도서인 「작은집 이야기」에는 자본주의와 도시의 발달 과정이 포함되어 있다. 또, 앞서도 언급했던 3학년 1학기 교과서 수록 도서 「리디아의 정원」에는 경제대공황 시기의 생활상이 생생히 묘사되어 있다. 작품 속에 담겨 있는 지식이나 가치를 찾아내고, 간단히 조사한 후 아이와 이야기를 나누면 된다. 그 과정에서 엄빠들도 잃어버렸던 지적 호기심을 되찾고 잠시라도 몰두하는 즐거움을 느낀다면 좋겠다. 초반에는 어렵고 큰 성과를 내지 못할 수도 있다. 그러나 그 모습을 아이에게 보여주는 것만으로도 아이의 공부정서에 큰 도움이 된다. 호기심은 꼬리를 물고 언젠가 당신을 능숙한 '엄마표 쓰기력' 선생님으로 성장시킬 것이다.

통합 교과
쓰기력 수업

 자, 이제 준비를 마쳤다면 아이와 본격적으로 〈통합교과 쓰기력 수업〉을 할 차례다. 이제 원고지를 펼치고 아이와 함께 테이블에 앉아보자. 이때는 벽으로 가로막힌 책상에 나란히 앉기 보다는 얼굴을 마주보고 앉는 것이 좋다. 원고지 역시 딱딱하고 어려워 보이는 원고지보다는 아이들의 눈높이에 맞게 디자인된 원고지가 도움이 된다. 실제로 필자가 〈쓰기력 수업🔳〉에서 아이들과 글 쓰고 있는 원고지는 필자가 직접 개발을 하고 디자인을 의뢰해 제작한 원고지이다. 원고지를 만들게 된 계기는 역시 아이들 때문이었다. 재미없는 공문서를 잔뜩 작성해야할 것만 같은 시중의 원고지에 아이들은 거부감을 느꼈고, 고심 끝에 원고지를 제작하기로 했다. 아이들이 좋아할 예쁜 디자인이어야 했고, 원고지 사용법이 표기되어 수업 시간 외에 집에서도 쉽게 쓸수 있어야 했다. 마지막으로 선생님이든 엄마든 아이들의 글에 다정한 편지를 남겨줄 수 있는 원고지라야 했다. 그렇게 탄생한 것이 〈쓰기력 원고지〉이다. 아이들의 반응은 폭발적이었다.

"쌤! 원고지가 예뻐서 자꾸만 글쓰고 싶어요!"
"쌤! 원고지 빨리 주세요. 다른 원고지에는 쓰기 싫어요!"
"쌤! 연두색도 만들어주세요."

그렇게 아이들은 〈쓰기력 원고지〉를 사랑하며 재미있게 글을 써나갔다. 작은 차이가 흥미를 불러일으키고 학습력을 높인다. 매일 매일 많은 교과서와 교재를 접하는 아이들에게 소확행이 필요했던 것인지도 모르겠다.

원고지를 앞두고 아이와 마주 앉았다면 이제 쓰면 된다. 그렇다면 무엇을 써야할까? 예를 들어 「사라 버스를 타다」를 읽었다면 엄마표 선생님은 이런 글쓰기 제시 글을 아이에게 내어줄 수 있다.

1863년 링컨 대통령에 의해 미국에서 흑인 노예들에 대한 해방이 선언되었지만 법적, 실질적으로 흑백 차별이 사라진 것은 아니었다.

1950년대와 60년대 차별이 특히 심했던 남부 앨라배마주 몽고메리시에서는 엄격한 버스 좌석 분리제가 시행되고 있었다.

이곳에서는 버스 앞 좌석 10번째 줄까지는 백인들이 앉고 흑인들은 뒷좌석에만 앉을 수 있었다.

- 내가 이 당시를 살아가는 흑인 소년, 소녀였다면 이 법을 어떻게 받아들이고, 또 이에 맞서 어떤 행동을 했을지 '버스를 타고 가는 나의 등교길'을 상상해서 써보자.

이렇게 조금만 작품을 살피고 뜯어보면 아이들과 나누고 쓸 소재와 주제는 무궁무진하다. 실제로 필자가 수업에서 아이들을 처음 대하면 엄마와 꾸준히 글을 쓰다 온 아이와 그렇지 않은 아이의 쓰기력 차이는 엄청나다. 중학교 수행평가는 90%이상이 쓰기이다. 어떤 장르든, 어떤 과목이든 어쨌든 쓰기이다. 중학생 아이들과의 수업은 아쉽게도 대부분 수행평가 쓰기로 채워진다. 아이가 어리지 않다면 하루라도 빨리, 어리다면 다행으로 여기며 '엄마표 쓰기력 수업'을 시작해보자.

통합교과 쓰기력 수업

아이와
인문학 쓰기

"글을 쓰는 네가지 이유"

"글을 쓰는 데는 네 가지 큰 이유가 있다.
순수한 이기심, 미학적 열정, 역사적 충동, 정치적 목적"

『나는 왜 쓰는가/조지 오웰』

아이들이 글을 편안하게 대하기 시작했다면 바로 시작해야 할 일이 인문학 글쓰기이다. 크든 작든, 거대담론이든 소소한 이야기이든 자신만의 우주를 품고 있지 않으면 긴 글은 쓸 수 없다. 백지 공포가 시작되는 것이다. 그렇다면 긴 글을 쓰게 하는 '자신만의 우주'는 어디에서 비롯될까? '사람들이 살아온 시간들'로부터 시작된다. 사피엔스만의 슈퍼파워 '이야기'는 바로 인류가 살아온, 살아낸 시간 속에 숨어 있다. 우리는 그 이야기들을 건져올리기만 하면 되는 것이다. 우리들이 그 이야기들을 쉽게 건져 올릴 수 있는 우물은 문학과 역사이다.

'이야기 만들기'라는 본능으로 다른 인종을 물리치고 지구상에 유일한 인종으로 남은 우리네 사피엔스는 본능적으로 자신들의 이야기를 기록하고 싶어한다. 기록은 두 종류로 이루어졌다. 역사와 문학이다. 사람들은 유사 이래 역사 그 자체를 기록했다. 쉽게 떠올릴 수 있는 '조선왕조실록'과 같은 기록들이다. 두 번째 기록은 문학이다. 태생적으로 '이야기'를 좋아하는 사피엔스들은 역사 그 자체를 기록하는 데에 만족하지 않았다. 더 재미있는 이야기를 원했고, 더 아름다운, 혹은 더욱 잔혹한 이야기를 갈구했다. 그렇게 탄생한 것이 문학이다. 사피엔스들은 현실을 보다 감동적으로, 극적으로 포착한 문학에 열광하고 그에 위로받고, 함께 울고 웃으며 고된 역사를 뚫고서 오늘에 이르렀다.

이 문학과 역사를 함께 길어다 부으면 읽고 싶은 이야기가 되고 풍성한 글이 된다. 그렇다면 어떻게 문학과 역사를 저 깊은 우물 속에서 퍼 올릴 것인가?

역사에 접근하는 엄빠의 자세

문학-역사 비빔밥

역사 쓰기 퐁듀

역사에 접근하는
엄빠의 자세

역사는 방대하고 산발적이다. 그만큼 아이들에게 필요한, 혹은 내 아이가 사랑할 역사의 순간을 가두어 몰두하기란 쉽지 않다. 부모들 역시 막막함을 느끼는 부분이다. 통사를 훑자니 얕고 방대해 즐겁지가 않고, 한 곳에 몰두하자니 '장님 코끼리 만지기' 하듯 답답함을 느낀다. 그래서 이내 포기하고 말게 된다. 그렇게 시도했다, 포기했다를 반복하며 아이는 금세 '입시'라는 울돌목에 접어들고 만다. 그 골든타임을 놓친 채로, 진짜 역사를 한 조각도 공유하지 못한 채로.

그간 '역사'를 바라보던 시선을 고치지 않으면 아이와 역사의 옹달샘을 길어 올릴 골든타임을 잡기 어렵다. 답은 우리가 늘 시도하던 그곳에 있다. 통사가 아닌 '순간'에 몰입하라. 대신 나도, 아이도 흥미진

진하게 몰입할 수 있는 시대를 골라야 한다. 저마다 개성이 다른 아이들이기에 필자는 평소에 '평균치'라는 것을 신뢰하지 않고 언급도 꺼려하지만 이해를 돕기 위해 예시를 들어보려 한다.

긴 세월 아이들과 쓰기 수업을 하다보면, 남자 아이들은 삼국지에 열광하고 여자 아이들은 선구적 여성 인물들에 열광한다. 박에스더, 김란사, 몬테소리, 마리퀴리 등 여성을 내리누르는 시대의 압력과 싸우며 자아를 찾아간 여성들 말이다. (*이 모든 예시는 개인차가 있음을 전제로 한다.)

내 아이가 삼국지나 박에스더에 몰두할 수 있다면 그것이 통사가 아님을 한탄할 것이 아니라 그 안에 흠뻑 빠져들 수 있도록 도와야 하는 것이다. 삼국지에 빠져 살다보면 자연히 중국의 역사에 눈을 돌리게 되고, 그 시절 우리 역사에도 관심을 갖게 된다. 박에스더를 흠모하다보면 자연히 일제 강점기와 우리의 근현대사로 눈을 돌리게 된다. 그러니 오늘부터 당장 엄빠들이 해야 할 일은 내 아이가 열광할 수 있는 역사책을 찾아 헤매는 것이다. 오늘 아이와 함께 도서관으로 가 '911'로 시작하는 청구 기호 쪽으로 가라. 그곳에서 해야할 일은 아이가 눈을 동그랗게 뜨고 몰입해서 읽을 수 있는 책을 찾아 아이 앞에 놓아주는 것이다. 생각보다 어렵고 지리한 일일 수 있다. 그러나 조금만 더 지속한다면 분명 성공의 순간을 맛보게 될 것이고 그 순간은 아이의 인생을 바꿀 것이다.

문학 - 역사 비빔밥

아이가 좋아하는 역사책을 찾았다면 내가 좋아하는 역사책도 찾아보자. 나를 매혹시키는 시대는 언제인가? 필자의 경우 한국사에서는 1920년~30년대의 경성에 무한한 호기심과 애처로움을 동시에 느낀다. 일본인들이 대거 이주하며 일본 회사의 지사가 세워지고 민족 자본들도 앞 다투어 크고 작은 회사를 설립하던 서울 거리, 양산되는 신흥 일자리에 청운의 꿈을 안고 상경하던 수많은 청춘들로 넘실거리던 종로통, 그 변화와 혼란의 에너지가 나로 하여금 그 시대를 하염없이 들여다보게 한다. 세계사에서는 1940년~50년대 전후 희비가 엇갈리는 서양사를 좋아한다. 저무는 태양 영국과 떠오르는 태양 미국, 망가진 유럽을 지원하면서도 끊임없이 외교 지도를 그리는 미국과 유럽간의 느슨하지만 팽팽한 긴장감, 2000여 년 만에 바로 그 '다윗의 땅'에서 건국을 선언해버린 이스라엘까지... 2차 대전으로 짓밟힌 지구에서 새로운 역학관계가 피어나 새로운 시대를 예고하는 그 시대가 내게는 한없이 매력적이다.

당신에게, 내 아이에게 그런 시대는 어떤 시대인가? 그 시대를 배경으로 쓴 문학 작품을 아이와 함께 읽어라.

시대를 품지 않은 작품은 없다. 그러나 아이들이 공감해서 재미있게 읽을 작품은 많지 않다. 아래 작품들은 아이들이 알아야 할 역사를 품고 있고, 아이들이 주인공인, 그래서 쉽게 몰입해 읽을 수 있으며, 선정적이고 자극적인 내용이 적은 작품들을 엄선한 책들이다. 사실 잘 알려져 있고, 누구나 제목만 들으면 알 수 있는 많은 작품들이 아이들이 읽기에는 지나치게 선정적이거나 잔혹한 내용들을 포함하고 있는 경우도 있다. 유명하다는 이유로, 전집에 속해 있으니까 검토 없이 아이들에게 노출되는 책들이 사실은 우리 아이들을 망치고 있다는 사실을 아는 부모들은 많지 않다. 아이 손에 닿을 책들을 반드시 먼저 읽어보라.

아이와 읽으면 좋을 역사를 품은 문학 작품

시대	연계 교과
20세기 초 (영국의 제국주의)	비밀의 화원(프랜시스 호지슨 버넷)
1870년대 (미국 서부 개척 시대)	초원의 집(로라 잉걸스 와일더)
1861년~1865년 (미국 남북 전쟁)	작은 아씨들(루이자 메이 올컷)
1871년 (프로이센-프랑스전쟁)	마지막 수업(알퐁스 도데)
1592년~1598년	난중일기(이순신)
1445년~1446년경	초정리 편지(배유안)
조선말기	책과 노니는 집(이영서)
1901년경	위대한 비행(앨리스 프로벤슨)
1930년~1940년대	윤동주 시집(윤동주)
1930년대	천변풍경(제2절, 제 3절/박태원)
1940년대	작은집 이야기(버지니아 리 버튼)
1940년대	안네의 일기(안네 프랑크)

역사 쓰기
퐁듀

역사만큼 글쓰기 소재로 좋은 분야는 없다. 역사만큼 많은 인문학을 품고 있는 학문은 없다. 역사만큼 부모와 아이들이 함께 쓰기에 좋은 글감은 없다. 역사 글쓰기의 시작은 '퐁듀'이다. 우선 그 시대에 퐁당 빠져보는 거다. 그래서 역사 쓰기의 1번 정류장은

내가 당시에 살았더라면?

이라는 상상의 정류장이다. 당시로 가는 버스를 타고 내리면 30년대 경성에 있다. 그곳에서 전차를 타고 구보 씨(소설 「소설가 구보 씨의 일일」의 주인공)가 되어 종로통에서 전차를 타고 서울역에서 내려보는 거다. 나는 그 시절 어떤 환경에서 무엇을 하며 살아갔고, 나의

일상은 어땠으며 누구와 소통을 했을지 상상하는 것에서 역사 쓰기는 시작된다. 그 시절 나의 일상을 적어 내려가다 보면 당시에 쓰던 어휘를 찾게 된다. 그러자면 당시에 쓰인 책을 찾게 되고 그 책을 읽다보면 당시 사람들의 일상, 쓰던 말씨, 단어, 먹던 음식을 만나게 되고 자연히 나의 지식, 가치, 어휘, 공감의 지평은 넓어질 수밖에 없다. 인류가 살아온 모습을 종횡으로 관통하는 노력은 인간을 이해하는 폭을 넓혀주고 읽는 이가 공감하는 글을 쓰게 한다. 그것이 인문학의 본체이고 가깝게는 수행평가 글쓰기와 대입 논술, 멀게는 사회생활을 하며 쓰게 되는 모든 글쓰기의 뼈대가 되어 준다.

역사 쓰기의 다음 정류장은 역사를 곱씹어 현재를 잘 살아가기 위한 역이다.

그 시대가 우리에게 남긴 것은?

'역사에 이프(IF)란 없고, 역사에 답이 있다'고 했다. 인류는 잘못된 선택과 현명한 선택을 반복하며 지금에 이르렀고, 어떤 역사 속의 선택이든 현재를 살아나가는 우리에게 오답 혹은 정답을 제공해 준다. 그것이 우리가 역사를 들여다보는 이유이고, 역사라는 학문의 존재 이유이다.

'이런 어려운 걸 우리 아이가 어떻게 쓰겠어?' 라고 생각하고 있다면 큰 착각이다. 이 쓰기 주제들은 필자가 주장하는 방구석 주제가 아니라 10년 넘게 아이들과 이어온 실제 글쓰기 과제이고, 아이들은 저마다의 쓰기력을 뽐내며 멋지게 글을 써낸다. 물론 개인차가 심하다. 쓰기력의 개인차는 학년과는 전혀 상관이 없다. 60%의 읽기 곳간, 38%의 쓰기 경험, 2%의 재능으로 결정된다. 그러므로 반복적으로 이야기하건대 〈쓰기력 수업〉은 지속적인 읽기 곳간 채우기와 함께 진행되어야 한다.

아이와 역사 쓰기 주제	
1단계	내가 당시에 살았더라면?
2단계	그 시대에서 고치고 싶은 부분은?
3단계	현재와 그 시대의 차이점은?
4단계	그 시대가 우리에게 남긴 것은?
5단계	내가 정치가라면 그 시대를 어떻게 바꿀 것인가?

석학들의
쓰기력 레시피

케네디가의
여행기

　미국인이 가장 사랑하는 대통령 중 한 명인 존F. 케네디. 그는 영화 사업으로 큰돈을 번 어마어마한 재력가에서 태어나 유복한 환경에서 자랐다. 하지만 그를 진영을 초월한 인기를 누린 대통령으로 만든 것은 돈이 아니라 부모님의 특별한 교육이었다.

　그의 아버지는 "일등을 해라. 이등은 필요 없다."라고 채근한 투사였을지언정 아침마다 침대로 파고드는 아이들에게 동화를 읽어주고 크고 작은 일을 아이들과 토론을 통해 결정하던 아버지였다. 어머니는 그런 면에서 좀 더 특별하고 열성적이었다. 고전 중심의 독서리스트를 만들어 아이들과 읽고, 식사 시간에는 <뉴욕타임즈>의 기사에 대해 토론하도록 이끈 이 대단한 어머니의 아들 케네디는 모험담 마니아였다. 어머니는 아들의 그런 점에 주목했다. "너는 왜 고전을 읽지 않고 모험담만 읽니?"가 아니라 아예 유럽, 남미 등지로 세계 여행을 떠나게 했다. 조건은 단 하나. 매일 여행일기를 쓰는 것이었다. 소년 케네디의 여행 일기에는 어떤 내용이 담겨 있었을까? 나라별 특색들이 생생히 적혀있었을 뿐만 아니라 현지 사람들과 나눈 시사 이야기가 적혀 있기도 했다.

　여행은 가장 효율적인 인문학 학습 방법이다. 하물며 그곳에서 보고 느끼고 생각한 것을 바로 써내려가는 여행기는 말해 무엇 하라.

TITLE:

고전 쓰기력 수업

"

거인의 어깨 위에 올라탄 난쟁이는
거인보다 더 멀리 본다.

/

로버트 머튼

"

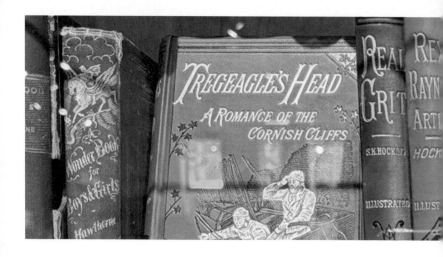

NO. *01*

고전
쓰기력 수업

"아, 고전이여!"

"소크라테스와 오후를 보낼 수 있다면,
내가 가진 모든 기술을 내놓겠다."

- 스티브 잡스

지금까지의 모든 레시피들은 이 시간으로 수렴된다고 감히 말하고 싶다. 그만큼 〈고전 쓰기력 수업〉은 아이와 글쓰기의 진수이다. 고전 읽기의 가치와 필요, 방법은 앞선 기술들에서 충분히 공감했으리라 믿는다. 이제 그 읽기력을 딛고 일어나 써보자.

고전 읽기, 쓰기를 앞둔 대부분의 반응은 "막막하다"이다. 인쇄술이 개발된 15세기 이래 쏟아진 수많은 작품들 중 지금까지 읽히는 수많은 작품들 중 옥석을 가리는 일은 어떤 전문가라도 완벽을 논할 수 없을 것이다. 그러나 당신의 막막함을 조금이나마 덜어준다는 작은 사명을 가지고 권하고 추천해보려 한다.

다만 한가지 다짐받고 싶은 부분은 이 챕터에서 이야기하는 어떤 분류도, 방법도 '정답'이 될 수는 없다는 점이다. 평가의 차이도, 취향의 차이도 있을 것이며 부모마다 아이마다 읽기력의 차이가 있을 것이고, 가치관도 다를 것이다. 그럼에도 불구하고 용기내어 이 챕터를 집필하고자 한다. 그저 수년간 많은 아이들과 수많은 작품들을 읽고, 쓰며 얻은 노하우를 집약하려는 노력, 그리고 그 노하우를 많은 부모들과 나누고자 하는 애씀 정도로 봐주면 좋겠다.

고전 쓰기력 수업

레시피1

아이와 읽을 고전 30

레시피2

시대적, 공간적 배경 쓰기

레시피3

고전 가치 쓰기

아이와 읽을
고전 30

고전이란 무엇일까?

　오랫동안 많은 사람에게 널리 읽히고 모범이 될 만한 문학이나
예술 작품

　국어사전은 이렇게 정의하고 있다. 여기에서 주목해야할 단어는 '오
랫동안'이나 '모범이 될 만한'이 아니라 '사람에게'이다. 사람들에게 그
렇다는 얘기다. '아이들에게'가 아니다. 말하자면 고전에는 상영 등급
이 없다. 청소년 관람불가, 15세 이상 관람가 딱지가 없는 고전 작품
들 중 상당수는 폭력적이고 선정적인 내용들, 어둡고 추악한 내용들
로 가득하다. 이건 감히 그 작품들의 작품성을 논함이 아니라 순전히

'아이들이 읽기에 적당한가'를 두고 하는 평이니 오해는 없었으면 한다.

'가치가 있는 이야기'와 '아이들이 읽기에 좋은 이야기'는 다르다. 많은 고전 작품들에서 주인공들이 일부일처제를 벗어난 사랑을 하거나, 폭력적인 상황에 노출되는 경우를 어렵지 않게 찾아볼 수 있다. 많은 부모들이 고전 전집을 사주고 그 안에 어떤 내용이 담긴 지 모른 채 아이들을 내어 맡기고 아이들은 그 유해 요소들에 무한히 방치된다. 안 읽느니만 못한 독한 고전의 세계에서 아이들은 선정적인 이야기에, 비뚤어진 가족관에, 현대에는 맞지 않는 폭력적인 가치관에 노출된다. (다시 한 번 강조하지만 이 작품들의 '작품성'을 차치한 평가다.)

이 챕터에서 제안하는 〈아이와 읽을 고전 30〉은 작품성이 뛰어난 작품 순이 아니다. 아이들이 읽기에 덜 자극적인 작품을 골랐다. 그렇다고 해서 그 수많은 고전 작품들 중에 이 작품들만이 무해하다는 것도 당연히 아니다. 그저 이 정도 작품은 걱정을 덜하며 아이에게 노출해도 된다는, 함께 읽어도 좋다는 권유의 의미 정도로 받아들이면 좋을 것 같다.

아이와 읽을 고전 30

작품	시대
초원의집(로라 잉걸스 와이더)	19세기 후반
사람은 무엇으로 사는가(톨스토이)	19세기 후반
기찻길의 아이들(에디스 네스빗)	20세기 초반
파브르 곤충기(앙리 파브르)	19세기 후반
동방견문록(마르코폴로)	13세기 후반
톰소여의모험(마크트웨인)	19세기 후반
삼국지연의(나관중)	14세기
명심보감(범립본)	14세기 후반
장자(장자)	기원전 300년 경
작은아씨들(루이자 메이 올컷)	19세기 후반
관촌수필(이문구)	1970년대
봄봄(김유정)	1930년대

소나기(황순원)	1950년대
마지막수업(알퐁스 도데)	19세기 후반
어린왕자(생텍쥐페리)	1940년대
우리는 질문하다가 사라진다(파블로네루다)	1950년대
서시,햇비(윤동주 시집)	1940년대
홍길동전(허균 추정)	17세기 초반
탈무드	400년 경
그리스,로마 신화	기원전~4세기
논어(작자 미상)	기원전 2세기 경
토지(박경리)	1969년~1994년
난중일기(이순신)	1592년~1598년
사랑의 학교(에드몬드 데 아미치스)	19세기 후반
15소년 표류기(쥘베른)	19세기 후반
데미안(헤르만헤세)	20세기 초반

노인과바다(헤밍웨이)	1952년
안네의 일기(안네 프랑크)	1940년대
정글북(러디어드 키플링)	19세기 후반
레미제라블(빅토르 위고)	19세기 후반

그렇다면 이 고전 작품들을 읽고 무엇을, 어떻게 써야할까?

어휘는 세상을 인식하는 차이를 형성하고 기억하도록 돕는다. 아이들이 고전을 처음 접했을 때 작금의 작품들과 가장 큰 차이점으로 꼽는 것은 단연 어휘이다. 말이란 사용자의 편의를 따라 진화하는 법이다. 많이 쓰는 말은 살아남고 쓰지 않는 말은 역사 속에 묻힌다.

"모든 단어는 의미를 매어 두는 말뚝이다."

- 헨리 비처

단어가 세상이고 세상이 곧 어휘이다. 고전을 읽는 다는 것은 1차적으로 그 시절의 어휘를 읽는다는 것이고, 그 어휘를 내가 갖게 된다는 의미이다. 풍부한 어휘를 가짐으로써 세상을 좀 더 깊이 이해할 수 있고, 표현할 수 있다.

그렇다면 고전을 통해 습득한 어휘를 어떻게 하면 내 것으로 만들 수 있을까? '소설가 구보 씨의 일일 방법'을 권한다. 「소설가 구보씨의 일일」은 박태원의 1930년대 소설로 일제 강점기 조선 경성부에 거주하는 지식인의 하루를 그리고 있다. 소설에서는 주인공의 동선을 따라 30년대 서울의 모습과 사람들의 일상, 그들의 대화가 마치 내가 그 시대에 들어가 있는 듯 묘사되어 있다.

'소설가 구보 씨의 일일 방법'은 모든 작품에 적용할 수 있다. 예를 들어 아이들과 「초원의 집」을 읽었다고 했을 때 로라나 메리가 되어 하루의 생활을 1인칭 주인공 시점의 소설로 써보게 하는 거다. 아이들이 1인칭 주인공시점 소설을 어려워할 때는 "일기 쓰듯 쓰면 돼."라고 이끌어주면 된다.

단, 그냥 쓰는 것이 아니라 '쓰기 미션'을 통해 재미와 지식 습득의 효과를 동시에 잡도록 해보자.

- 내가 메리나 로라라면 어떻게 하루를 보내고 싶은지
  내가 작품 속으로 들어가 보내고 싶은 하루를 써보자.

- 작품에서 읽은 처음 보는 단어를 3개 이상 사용해서 써보자.

- 장소와 시간을 3번 바꾸어 3개의 문단으로 써보자.

  글쓰기를 처음 접할 때부터 '구성'해서 쓰는 습관을 들이는 것은 여러 번 강조해도 지나치지 않다. 모든 글은(일기조차도) 처음 - 중간 - 끝의 구성을 갖추어야한다. 형식을 위해서가 아니라 읽는 이들을 위해 그렇다. '처음'에서 읽을 준비를 해야 하고 '중간'에서 이야기를 받아들여야하고 '끝'에서 자신의 느낌을 충분히 되새겨야 한다. 그렇게 읽을 때 '재미있다'고 느껴야 끝까지 읽을 수 있는 것이다.

  하지만 처음 쓸 때부터 처음-중간-끝, 혹은 기-승-전-결의 구성을 갖추어 쓰기란 쉽지 않다. 그에 앞서 먼저, '문단'의 개념에 익숙해지는 것이 중요하다. 다른 내용으로 바뀔 때 문단을 바꾸면 되지만 '다른 내용'이라는 기준도 아이들 입장에서는 어려울 수 있다. 그래서 장소나 시간이 바뀔 때 문단을 바꾸어주는 연습을 하도록 한다. 이는 글의 '구성'에 대한 기초를 탄탄히 하는 가장 쉽고 효과적인 방법이다.

그 시대만이 가진 가치와 감정들이 있다. 예를 들어 과거의 전시(戰時) 감정에 대한 기준은 지금보다 훨씬 거칠었다. 사람의 죽음을 놓고도 지금과 같은 기준이 적용되지 않는다. 지금보다 사람의 죽음이 흔했기에 덜 충격적이었다. 개개인의 슬픔이 덜했다는 게 아니다. 사회적 기준이 그러했다는 얘기다. 바로 여기에 고전 쓰기의 힘이 숨어 있다.

필자가 아이들과 수업하며 놀라는 점 중 하나는 아이들의 사고 반경이 좁다는 점이다. 소위 학군지에서 학업성취도가 뛰어나다는 아이들조차 자신이 사는 서울시에서도 가 본 곳이 손에 꼽고, 주요 문화재의 위치조차 모르고 있는 것에 놀라곤 한다. 그 정도는 어린 학생일수록 더욱 심해지고 있다. 학교, 학원, 디지털 세상. 요즘 아이들은 이

3가지 세상에 살고 있는 것 같다. 디지털 세상이라 함은 게임, 아이돌들의 뮤직비디오, 검증되지 않은 팩트로 버무려진 유튜브 영상들이다. 학원에 가고, 공부를 끊임없이 하지만 책은 선생님이 읽으라는 책만 보고 즐거움을 느끼지 못한다. '독서'가 아니라 '공부'인 것이다. 디지털 육아가 범인이라는 것을 부모들은 이론적으로는 알고 있으나 실천하지는 못하는 듯하다.

어린 나이부터 디지털 기기를 사용한 아이들은 전체 그림보다는 세부 사항에 더 많이 집중하게 되고, 주의력, 인지, 감정, 사회성 발달도 떨어지게 된다는 사실이 여러 연구로 밝혀졌다.

헝가리의 애덤 미클로시(Adam Miklosi) 박사 팀의 연구에 따르면 모바일로 6분간 풍선 쏘기 게임을 했던 아이는 주의력 검사에서 세부적인 것에만 집중하는 양상을 보였지만, 디지털이 아닌 게임(두더지 잡기 게임)을 했던 아이들은 전체에 집중하는 양상을 보였다. 디지털 육아를 할 경우 나무만 보고 숲은 보지 못하는 인지적 특성을 지니게 되는데 분석적 사고에는 능숙할지 몰라도 창의성이 떨어지고 융통성이 부족하며 사회적 기술이 결핍 될 수 있다는 것이다.

디지털과 AI의 시대에 아날로그 육아가 가능하냐고? 이 이야기로 대답을 갈음하겠다. 애플의 창업자인 스티브 잡스는 자녀를 어떻게 양육했을까? 디지털 산업을 선도한 잡스도 자녀들에게는 아이패드 같은 스마트 기기 사용을 허락하지 않았다. 그는 아이들에게 스마트 기기 사용을 지극히 제한적으로 허용했고 저녁이면 식탁에 앉아 아이들과 책, 여러 가지 화제를 놓고 대화했다.

장황할 정도로 아날로그 육아의 필요성에 대해 늘어놓는 이유는 아날로그 육아가 전제되지 않으면 고전 읽기나 쓰기는 이루어질 수 없음을 설명하기 위해서, 그리고 여러분들을 설득하기 위해서이다.

고전의 가치 중 최고는 단연 그것들이 품은 '초월적 가치'일 것이다. 시대를 초월하고 국경을 초월하며 사상과 이념을 초월한 가치. 그것이 우리가 고전을 읽고 쓰는 궁극의 이유이다. 그런 이유로 '고전 쓰기'는 모든 글쓰기의 마지막 단계, 최상의 레벨이다. 숲을 봐야할 뿐만 아니라 인류의 역사 속에 내가 살고 있는 지금을 한 점으로 인식하고 그 점과 과거, 미래의 역학관계를 인지하고 있어야 하기 때문이다.

고전이 품은 가치들은 다양한 시대만큼이나, 배경만큼이나 다양하다. 아이들과 고전 쓰기는 두 가지 갈래로 이루어져야 한다.

〈아이와 고전 쓰기 '가치 쓰기 미션'〉

1. 현대에는 사라진 가치들, 혹은 소홀히하고 있는 가치들을 끌어올려 쓰기

(*「초원의 집」의 예:

- 어려움을 극복하고 성취해 낸 경험에 대해 써보자.

- 가족의 소중함을 느꼈던 경험을 써보자.

- 자신만의 두려움을 이겨내는 비법에 대해 써보자.

2. 현대에는 경험할 수 없는 가치들, 혹은 변화한 가치들 끌어올려 쓰기

- 내가 인디언들과 함께 살고 있다면 인디언들을 어떻게 배려하고 싶은지
  써보자.

- 내가 메리나 로라처럼 학교에 다니지 않고 들판에서 살아간다면?
  나의 하루 일과를 써보자.

- 내가 로라의 아빠라면 한 곳에 정착해서 살았을까?
  로라의 아빠처럼 계속해서 새로운 땅을 찾아 나섰을까?

~~~~~~

필자가 진행하는 〈통합교과 쓰기력 수업 ▦〉에서 아이들과 긴 시간 머리를 맞대는 시간이 바로 이 '가치 쓰기 미션'이다. 엄마표로도

충분히 가능하다. 고전 작품들을 조금만 정독하고 눈여겨 읽어보면 아이들과 쓸 가치미션을 충분히 끌어올릴 수 있다. 스스로 끌어올리기 어렵다면 약간의 서치를 통해도 괜찮다. 작품에 대해 약간의 검색만 해봐도 그 작품이 남긴 가치에 대해 알아낼 수 있다. 그걸 아이들과 나누고 쓰면 된다.

2028년 확 바뀐 입시 제도는 '문해력'을 평가 항목들의 중심에 두고 논술의 비중을 높였다. 그를 위해 중학교 수행평가 쓰기는 양이 엄청나게 늘었는데 그 변별력은 결국 '통찰력'에 있다. '아이와 고전 쓰기'를 꾸준히 하기만 한다면 중학교 수행평가 쓰기는 물론이고 대입 논술까지 쉬이 가리라 확신한다.

"모퉁이를 돌면 무엇이 있을지 저도 모르겠어요.
하지만 가장 좋은 것이 기다린다고 믿을래요.
모퉁이는 그것대로 매력이 있어요.
그 너머로 어떤 길이 이어질지 궁금해요.
초록빛 영광이 있을지도 모르죠.
부드럽고 다채로운 빛과 그림자가 있을 것 같기도 해요.
어떤 새로운 풍광이 펼쳐질지, 어떤 새로운 아름다움을 보게 될지,
어떤 모퉁이와 언덕과 골짜기가 있을지 궁금해요. "

『빨간머리앤/루시 모드 몽고메리』

"심심함에 지쳐 책을 꺼내 읽어 본 아이만이
수천년 사피엔스의 역사를 품을 수 있다"

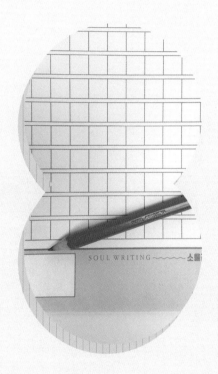

TITLE:

쓰기력 논술

"

설득력 있는 글쓰기는
세상을 바꿀 수 있는
힘을 가지고 있다.
/

조지 오웰

"

NO. 01

쓰기력
논술

"설득력을 가지려면..."

"쓰기는 우리의 영혼을 표현하는 방법이다.
진정한 자신을 드러내는 것이 가장 중요하다."

『몰입하는 글쓰기/레이 브래드버리』

쓰기력?
=문해력+통찰력
+자문력+구성력

들어가는 말

이제, 논술이다. 그렇다. 논술은 학생, 수험생들의 글쓰기 종착역이다. 대한민국의 바뀐 입시제도 하에서 진학할 아이들이라면 이젠, 논술을 피할 길이 없어졌다.

◆ 미래사회 대비, 지식 암기를 확인하는 시험에서 학생 역량과 사고력을 측정할 있도록 논·서술형 평가 확대

◆ (다양한 평가 방식 확산) 사고력과 문제 해결력을 평가할 수 있는 논·서술형 평가 강화

－ 교육부 2028년 대학 입시제도 개편안 중에서

그렇다면 논술이 대체 뭘까? 쉽게 말해 자신의 주장을 개진하는 글이다. 그냥 글을 쓰는 것도 어려운데, 글로써 다른 사람들을 설득한다? 쉽지 않은 일이다. 초등학교 때 이미, 주장하는 글의 틀을 뇌에 세워놓지 않으면 중학교 때부터 밀어닥치는 수행평가 글쓰기에 대응하기 어려워지는 것이 현실이다. 공교육의 성취도 기준에서도 이미 초등 저학년 때부터 '주장하는 글'을 쓰도록 권장하고 있다.

초등학교 권장 글쓰기 성취 기준 - 교육부

학년	연계 교과
1~2학년	1. 글자를 바르게 쓴다. 2. 자신의 생각을 문장으로 표현한다. 3. 주변의 사람이나 사물에 대해 짧은 글을 쓴다. 4. 인상 깊었던 일이나 겪은 일에 대한 생각이나 느낌을 쓴다. 5. 쓰기에 흥미를 가지고 즐겨 쓰는 태도를 지닌다.
3~4학년	1. 중심 문장과 뒷받침 문장을 갖추어 문단을 쓴다. 2. 시간의 흐름에 따라 사건이나 행동이 드러나게 글을 쓴다. 3. 관심 있는 주제에 대해 자신의 의견이 드러나게 글을 쓴다. 4. 읽는 이를 고려하며 자신의 마음을 표현하는 글을 쓴다. 5. 쓰기에 자신감을 갖고 자신의 글을 적극적으로 나누는 태도를 지닌다.
5~6학년	1. 쓰기는 절차에 따라 의미를 구성하고 표현하는 과정임을 이해하고 글을 쓴다.

2. 목적이나 주제에 따라 알맞은 내용과 매체를 선정하여 글을 쓴다.

3. 목적이나 대상에 따라 알맞은 형식과 자료를 사용하여 설명하는 글을 쓴다.

4. 적절한 근거와 알맞은 표현을 사용하여 주장하는 글을 쓴다.

5. 체험한 일에 대한 감상이 드러나게 글을 쓴다.

6. 독자를 존중하고 배려하며 글을 쓰는 태도를 지닌다.

하지만 어디에서도 이런 글을 써낼 수 있는 '쓰기력'은 알려주지 않는다. 논술학원에서? 수년간 수많은 아이들, 성인들과 쓰기 수업을 해본 결과, 단언컨대 체계적인 개개인의 '읽기력', '쓰기력' 테스트가 전제된 소그룹 수업에서만이 '쓰기력'을 기를 수 있다. 그리고 소그룹 수업보다 더 좋은 것은 온전히 내 아이에게만 집중하여 수업할 수 있는 '엄빠표 쓰기력 수업'이다.

엄빠표 하브루타 쓰기력

I OREO S 쓰기

논술의 결론은 '정의'로 귀결된다.

'논술'을 잘 쓰려면 '논술'이라는 무게를 내려놓아야 한다. 논술을 어렵게 생각할 필요가 전혀 없다. 아이와 서로의 생각을 나누는 것을 습관화하는 것, 늘 서로에게 깊은 관심을 가지고 성의껏 소통하는 것. 그것이 엄빠표 논술의 시작이다. 하지만 바삐 돌아가는 일상 속에서 막연하게 아이와 생각을 나누기란 쉽지 않다. 이때 좋은 가이드가 되어 줄 프로그램이 있다. 바로 '하브루타'이다.

유대인들의 교육 프로그램으로 잘 알려진 '하브루타'는 유대어로 짝을 뜻하는 '하베르'에서 유래된 용어로 '짝을 지어 질문, 대화, 토론, 논쟁하는 것'을 의미한다. 즉, 하브루타는 친구와, 엄마와 아빠와 짝을

지어 질문하고 대화하고 토론하고 논쟁하는 것이다. 토론하고 논쟁한다고 하면 복잡한 커리큘럼을 갖고 임해야할 것 같지만 '각자의 생각을 나눈다'고 쉽게 생각하면 된다. 생각을 나누고, 그 생각들을 구성하여 정리해 쓰면 논술이 되는 거다.

하브루타 과정은 크게 '하브루타'와 '쉬우르'로 나뉜다. '하브루타'는 각자의 의견을 개진하고, 토론하는 것이고 '쉬우르'는 '공개적으로 낭독하고 설명하는 일' 즉, 유대교 랍비와 토론을 정리하는 일이다.

하브루타 교육을 했던 유대인들뿐만 아니라 앞서도 언급했듯 케네디, 스티브잡스 등 많은 석학들이 아이들과 밥상머리에서 토론을 했다. 식사를 함께 하며 자연스레 이야기 나누듯 하는 토론을 아이들은 생각보다 훨씬 재미있게 받아들인다. 귀찮고 어렵고 부담스러운 것은 아이들이 아니라 부모들이다.

혹여 마음은 차고 넘치나 가이드라인이 없어서 실천하기 어려웠다면 이렇게 해보자. 하브루타를 응용해 아이와 매일 실천하는 20분 하브루타 쓰기력 수업을 소개한다. 이 과정을 그대로 글로 옮기면 한 편의 주장하는 글이 된다.

엄빠와 매일 하는 20분 하브루타

구분	쓰기력 수업
1. 두뇌 열기	- 기억 떠올리기 - 기억 연습
2. 주제 선정	- 주제 선정 - 주제 상호이해
3. 하브루타	- 아이 주장 제시 - 부모 주장 제시 - 부모 주장에 대한 반론 - 아이 주장에 대한 반론
4. 쉬우르	- 서로 합의하는 창의적 해결방안 도출 - 합의 내용을 함께 기록 - 부모가 정리해주는 시간

1. 두뇌 열기

유대인들은 하브루타에서 주제를 선정하기 전에 두뇌를 여는 시간을 가졌다. 아이들과 어렵지 않게 실천할 수 있는 '두뇌 열기'는 최근의 이슈에 대해 떠올려 보는 것이다.

예를 들어 요즘 문제가 되고 있는 북한의 오물풍선 이야기를 나눈다고 하면 학교에서도 선생님과 이야기 나눈 적이 있고, 실제로 목격한 경험이 있는 아이들도 있어 눈을 반짝이며 이야기를 늘어놓을 것이다. 바로 이러한 주제가 좋은 주제다.

2. 주제 선정

〈두뇌 열기〉에서 함께 나눈 이야기와 맥을 같이 하는 주제를 함께 선정해본다. 오물 풍선 이슈로부터 파생되는 '남북 관계', '통일', '한미-러북 관계' 정도가 선정 가능한 주제이다.

이때 일방적으로 부모가 "이런 이야기를 하자."라고 결정해 통보하는 것이 아니라, 아이와의 대화를 통해 도출해 내도록 이야기를 이끌어보자.

3. 하브루타

아이와 하브루타를 주고받을 때 가장 중요한 점은 '아이의 생각을 끌어내는 것'이다. 독서량이 많고 읽기력이 뛰어난 것과 말하기, 쓰기력은 별개의 문제이다. 하지만 읽기력과 마찬가지로 쓰기력도 습관이고 훈련이다. (물론 재능이 뛰어난 아이들도 드물게 있다.) 뇌에 가득차 있으나 쓰기로 뿜어져 나오지 못하는 경우에는 토론 내용을 바로 적게 하는 것이 도움이 된다.

4. 쉬우르

부모님들뿐만 아니라 〈쓰기력 수업 〉지도자 과정에서 예비 지도자들도 가장 어려워하는 부분이다. 그러나 쉬우르에서 완벽한 결론을 제시해주어야 한다는 부담을 갖지 않아도 좋다. 후술하겠지만 어차피 주장하는 글의 결론이란 '정의'로 귀결된다. 아이의 생각에서 틀린 팩트를 바로잡아주고, 잘 전달될 수 있는 표현으로 가다듬어주면 된다. 그것만으로도 훌륭한 쉬우르이고 아이에게는 성장의 디딤돌이 되어 줄 것이다.

I OREO S
쓰기

그 유명한 오레오 공식(O.R.E.O)은 누구나 한번쯤 들어봤을 것이다. 하버드 대학교에서 150여 년이란 세월동안, 학생들에게 글쓰기를 가르쳐 온 노하우를 담아 도출한 이 맵은 '쉽고, 간결하고, 논리적으로 소통하기 위한 글쓰기'를 위한 쓰기 레시피이다. 공식은 아주 심플하다. 나의 의견을 쓴 후, 그 근거를 쓰고, 예를 들어 설명한 후 내 의견을 강조하며 끝내는 것이다.

하버드의 오레오(O.R.E.O) 공식

1단계: Opinion(주장하기) 2단계: Reason(이유 제시)

3단계: Example(사례 들기) 4단계: Opinion(의견 강조하기)

이 공식은 완벽한 본론이 될 수는 있으나 서론과 결론은 포괄하고 있지 못하다. 주장하는 글은 [서론-본론-결론]의 구성요소로 이루어지며 각 요소가 탄탄한 균형을 이루고 있을 때 설득력과 흡인력을 갖춘 주장하는 글이 된다. 'O.R.E.O'에 I와 S를 더한 'I O.R.E.O S' 쓰기를 통해 완결된 주장하는 글을 쓸 수 있다.

I OREO S 쓰기		
서론	Interest	주제 소개, 흥미 끌기
본론	Opinion	주장하기
	Reason	근거 제시
	Example	사례 들기
결론	Opinion	의견 강조
	Solution	해결책 제시

서론에서는 주제를 소개하고 흥미를 끌어, 내 글에 사람들의 관심이 머물도록 해야 한다.

본론에서는 설득력 있는 주장을 (주장+근거) 순서로 펼쳐내고 결론에서는 자신의 의견을 강조하고 해결책을 제시하면 된다.

서론 (Interest)
- 용어 정의 : 00란? 일반적으로 ~이지만 내가 생각하는 00은 무엇이며 그 내용은 어떠하다.(용어 재정의)
- 최근 일어난 주제 관련 이슈를 제시
- 쓰고자 하는 주장하는 글의 방향 제시 : 오늘은 00라는 관점에서 00에 대해 생각해보려고 한다.

본론 1 (Opinion + Reason + Example)
- 주장 1 (Opinion) + 근거 1 (Reason + Example)
  (근거는 책의 내용을 인용하거나, 주변에서 경험한 일을 예로 들거나, 전문가의 의견을 근거로 드는 것이 좋다.)

본론 2 (Opinion + Reason + Example)
◇ 주장 2 + 근거 2

결론 (Opinion + Solution)
- 지금까지의 내용을 압축 및 요약 하거나, 강조하기, 혹은 남기고 싶은 말 남기기
- 본론에 포함시키지 못한 해결방안 남기기

주장하는 글을 유독 어렵게 접근하는 부모님들께 이렇게 조언하곤 한다. "아이와 함께 쓰세요." 써보지 않고 아이를 가르치는 것과 써보고 가르치는 것은 천지 차이다. 함께 쓰면 아이에게 보다 구체적인 가르침을 줄 수 있다.

뿐만 아니라 주장하는 글을 써봄으로써 '생각 정리하는 훈련'을 할 수 있다. 자신의 의견, 생각 제시와 쓰기가 사회 생활 구석구석에 침투해 있는 이 시대에, 이 훈련은 비단 아이를 가르치기 위함만이 아닌, 나의 성장을 위한 수단일 수도 있다.

필자가 운영하는 〈쓰기력 수업 █〉에서 아이들과 수업하다보면, 주장하는 글에서 가장 어려워하는 부분은 의외로 결론이다. 본론까지는 논리적이든 그렇지 않든 나름대로의 의견을 개진하고, 근거도 제시한다. 그런데 결론에 이르러서는 용두사미가 되거나 단순히 본론을 반복하고 끝나는 경우가 많다.

　왜일까? 작법이 부족해서도 아니고 의견이 부족해서도 아니다. 해당 분야에서 해박한 지식을 갖춘 전문가가 아니고서야 완벽하게 설득력 있는 의견을 제기하는 것은 불가능하다. 더구나 학생의 신분으로 완벽한 의견이란 없다.

　그렇다면 결론은 어떠해야 할까? 결론은 정의로워야 한다. 어떠한 문제를 놓고 주장을 펼칠 때에 결국 그 종결은 '공동의 선'을 향해야하고, 이는 정의의 영역에 속해 있다. 필자가 수업에 처음 참여하는 아이들에게 가장 먼저 읽게 하는 책이 바로 「10대를 위한 정의란 무엇일까(마이클 센델)」이다. 완벽하게 전개된 주장일지라도 그 결론이 '악'의 편에 선다면 좋은 논설문으로 평가받기 어렵다.

반면 완벽한 의견 개진은 아니었을지언정 '공동의 선'을 지향하는 결론일 때 사람들은 글쓴이와 글을 호감어린 눈으로 바라볼 수밖에 없다.

결론이 고민 될 때는 '자신의 생각이 '공공의 선'을 향하고 있는가?'를 판단해보면 좋겠다. 이에 대한 점검, 리드만 해주어도 엄빠표 논술은 성공적으로 자리매김할 수 있다. 아이들은 어른들이 생각하는 것보다 명확한 '정의로움'에 대한 기준을 갖고 있지 못하다. 학업성취도가 높은 아이들조차 '정의'에 대한 기준이 불분명하고, 심지어 잘못된 정의관을 갖고 있는 경우도 많다. 따라서 '정의의 기준'을 바로 세워주는 것만으로도 훌륭한 논술 수업이 된다.

아이와
꾸준히 쓰는 비결

세계적인 석학들의 정신적 스승, 실험심리학자 하워드 모스코비츠
는 이렇게 고백한다.

"어린 시절 집 거실은 한쪽 벽이 몽땅 책으로 채워져 있었어요.
부모님은 책과 독서를 사랑하는 분들이셨죠.
저는 오랜 시간 책을 읽으며 나 자신을 만들어갔습니다.
저는 책에 둘러싸여 살았어요.
마치 책으로 만들어진 세상 같았죠."

책으로 둘러싸였다는 건 어떤 의미일까? 지적인 가족? 공부하는
가족? 아니다. '책을 좋아하는 가족'이다. 키즈카페, 만화방, 노래방,
PC방... 요즘 아이들이 흡수하는 세상의 즐거움은 너무 많다. 만약 아
이들이 사는 세상이 책뿐인 세상이라면? 아이는 책을 좋아하지 않고
는 배기지 못할 테고, 그 중 호불호만이 생길 것이다. 그런 의미에서
책으로 둘러싸인 가족이란 '집에서도 잘 놀 수 있는 가족'이다.

가족의 취향대로, 아이의 취향대로, 재능대로, 그러나 고개 돌리면 곳곳에 책이 있는 집을 만들자.

즐겁게 쓰자

'회사 홍보 문구 한 줄을 쓸 때 조차도 즐거웠다.'

지인의 부탁으로 아주 작은 피아노 수입 업체의 홍보 문구를 써 준 적이 있다. 한창 많은 방송 대본을 맡고 있었고, 가르치는 수강생들도 많던 때라 이런 하찮은 일까지 해야겠냐고 투덜투덜 대면서 노트북 앞에 앉았다.

그로부터 약 30분 후, 필자는 자신에게 깜짝 놀라고 만다. 즐겁게 쓰고 있었다. 그 작은 회사 홍보 문구를 쓰는 일조차도 나는 즐기고 있었던 것이다. 대단한 프로그램이어서, 페이를 많이 받는 원고여서가 아니라, 그저 쓰는 일 자체가 좋았던 것이다.

즐겁게, 놀이하듯, 즐기며 쓰자. 노력하는 자는 즐기는 자를 이길 수 없다고 했다.

같이 쓰자

아이와 함께 쓰자. '공부 정서가 좋은 아이가 성취도가 높다.'는 주장은 쓰기에도 해당하는 얘기다. 쓰기 정서가 좋은 아이가 글도 잘 쓴다. 아이는 혼자 쓸 때 '공부하는', '배우는' 느낌을 받는다. 하지만 부모와 함께 쓸 때는 쓰기를 '놀이'로 인식할 가능성이 크다. 자연히 부모의 글을 궁금해하고, 생각을 나누고 싶어 한다.

함께 글을 쓰며 때론 킥킥대고 때론 감동받았던 그 따스한 유대감이 글쓰기를 행복한 일로 만들고, 어느 날, 어느 순간, 당신은 글쓰기 실력이 일취월장해 있는 아이의 모습을 만나게 될 것이다.

자주 쓰자

자주 보는 친구가 또 보고 싶다. 자주 연락하는 친구의 안부가 궁금하지 연락없는 친구는 잊혀진다. 자주 쓰자. 싫든 좋든, 잘 쓰든 아니든, 우리 자주 쓰자.

아이와 인문학 글쓰기

쓰기력 수업

초판 1쇄 발행 2024년 11월 13일

글쓴이 조현영
펴낸이 엄스마마
디자인 페이퍼민트
인스타그램 @writing_lab_official